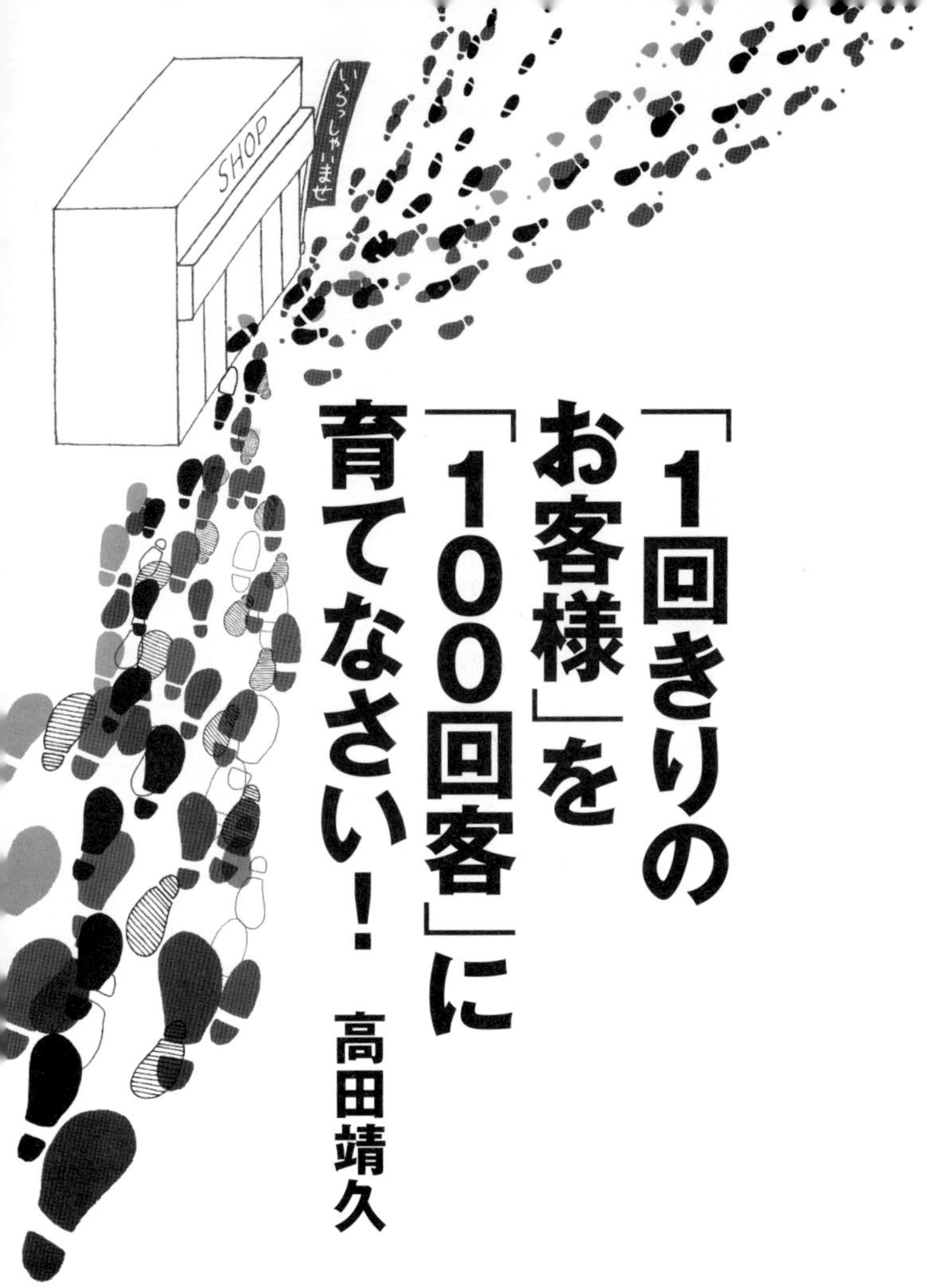

「1回きりのお客様」を「100回客」に育てなさい！

高田靖久

同文舘出版

はじめに

とある飲食店で、双子の兄弟が働いていた。2人とも同じキャリアで、どちらも腕がよかった。店は大繁盛。腕が立つ料理人が2人もいるのだ。当然と言っていいだろう。

しかし、平穏な日常は急変する。

ある日、店のオーナーである父が病に倒れたのである。

店の運営は、双子の兄に任された。でも店は心配ない。もともと、父は10年前に隠居していたため、店にはまったく顔を出していなかったからだ。料理にも手を出さないし、父についているお客もほとんどいない。経理は母がしっかり管理している。

店の料理、雰囲気、接客、どれをとっても何ひとつ変わりはなかった。いままでどおり、おいしい料理さえ出していれば店は大丈夫。兄だけでなく、関係者の多くがそう思っていた。

――ところが、そうは問屋が卸さなかった。

店の売上げが、少しずつ下がりはじめたのだ。

一気にではないものの、ジワジワと確実に下がり続けた。兄は何が起こっているのか理解できない。だって、今までと同じ料理を提供し、同じ接客を行ない、店の雰囲気も何も変わっていなかったからだ。

しかしその後、どんなに料理に力を入れても、売上げはいっこうに回復しなかった。

「何か手を打たなければ」

そう考えた兄は、値下げに踏み切ろうとする。そこに弟が待ったをかける。

「値下げをするのはいつでもできる。半年だけオレのやり方でやらせてくれないか？

それでもダメなら値下げに踏み切ろう」
弟の提案で、店は半年間だけ弟の指揮で運営されることになった。

弟に運営が任されてからも、店の料理、雰囲気、接客など、それまでと何ひとつ変わりはなかった。しかし、弟はそれ以外の「あること」に力を入れはじめた。

ここから、不思議なことが起こりだす。何と、店の売上げが、回復しはじめたのだ。一気に回復するわけではないが、確実にジワジワと上がり続けた。

——そして半年後。店は、父が倒れる前の売上げにまで回復していた。

この兄弟の違いはいったい何だったのか？
同じ年で、同じキャリアを持つ2人。その2人が、

- 同じ店で、
- 同じ商品を、
- 同じ価格で、
- 同じ接客で提供した

しかし、業績には明らかな違いが生まれた。弟が運営したほうが業績はよかったのである。ここには、いったいどんな違いがあるのか？

理由はひとつ。それは**「売り方の違い」**である。

兄は、料理にだけ焦点を当てていた。そのため父が倒れたとき、店の運営には影響がないと考えた。しかし弟は違った。弟は、「売り方」にも焦点を当てていた。父が倒れ、おざなりになっていた「売り方」に気づき、それを実行したのだ。

このように、今までと同じ商品を、同じ価格で売るのならば、「売り方」さえ変えていけば、商売は劇的に変化する。そしてこれは、すべての商売に共通して言える。

事実、私はそのような企業を数多く見てきた。

・福岡市のある寿司店では、あるきっかけで売り方を劇的に変えた。その結果、年商2800万円だった売上高は、短期間で1億円にまで成長した。

・北九州市のある飲食店は一時、借金５０００万円を抱え、自己破産まで考えていた。しかし「売り方」を変えたことにより、数年後には借金５０００万円を返済。３年間で売上げを3倍に拡大させた。

・出雲市の老舗温泉宿ではバブル崩壊後、業績が悪化。限界に来ていたある日、新しい「売り方」への一歩を踏み出した。その結果、その年の８月には、前年比３００％の売上げを記録した。さらに、翌年の８月には創業50年にして過去最高の売上げを叩き出した。

・ある美容師は独立をはたした。しかし、今まで勤めていた美容院では、集客を割引きだけに頼っていた。割引きをしないと、お客様は来ないとさえ考えていた。しかし自店では、割引きだけの経営から脱却した。その結果、店は大繁盛。独立して1年。お断りするお客様が増え、早くも次の出店を検討している。

このような事例は、紹介しはじめるときりがない。

これらの企業に、共通して言えることがある。それは、商品力を強化して、あるいは価格を安くして業績を伸ばしたのではない、ということだ。むしろ商品はそのままに、「売り方」を変えることにより、商売を劇的に変化させたのだ。

だからと言って、商品を「おろそかにしてよい」と言っているわけではない。そこはやはり商売。商品は重要だ。今紹介した店舗も、すばらしい商品力を持っていた。

そもそも、商品に満足しなければお客様はリピートしない。

しかし、どこの企業でも商品には自信を持っている。

「うちの商品が一番よい」――ほとんどの企業が、そのように思っている。

よその会社では真似ができない、飛び抜けた商品を持っていれば商売は繁盛する。これは覆しようのない事実だ。ところが、そんな商品ができないから苦労する。商品力だけで客を呼ぶ。そんな商品はなかなか生まれない。

「いやいや、うちは飛び抜けたすごい商品を持っている」

だったら、あなたの会社は繁盛しているか。

えっ？　繁盛していない？　であれば、その商品は飛び抜けてはいないということだ。どこでも同程度の商品を持っている。あなたが、飛び抜けていると思っているだけだ。

しかし、落ち込む必要はない。世の中の99％の会社が同じ状態だ。商品力ではドングリの背比べで、違うのは「売り方」なのだ。

私はコンピュータ屋である。長年、飲食店や美容院に顧客管理ソフトを販売してきた。自慢ではないが、過去に８００店舗以上の販売実績を持っている。そのなかで、効果の高い顧客管理のノウハウを身につけてきた。その結果、これを【店舗経営 売れる仕組み構築プログラム】として体系化することに成功した。

私が提唱する「売れる仕組み構築プログラム」には４つのステップがある。

・第１ステップは、新規客を【集める】手法
・第２ステップは、客を【固定客にする】手法
・第３ステップは、客を【成長させる】手法

・第4ステップは、客を【維持する】手法

本書では、第1ステップの「新規客を【集める】手法」と、第2ステップの「客を【固定客にする】手法」に焦点を当てた。一見、関連性のないように思える2つのステップだが、私は、この2つを1セットにして行なわないことには、顧客戦略の成功は難しいと考えている。

多くの店が、割引きだけを使って新規客を集めている。

しかし、割引きで集客したお客様は、そのとき1回きりで終わりやすい。多くの経費と割引きを使って新規客を集めても、そのお客様が〝右から左〟では意味がない。だから、このお客様を固定客にする必要がある。これを私たちは「固定客化」と呼んでいる。

ところが、いくら固定客化の販促を行なってみても、新規客を集めている時点で、店と「価値観」が違うお客様を集めてしまったのでは意味がない。固定客化の最大の近道は、そもそもが「固定客になりやすいお客様」を集めることなのだ。つまり、「新規集客」のときから「固定客化」を意識していなければ、なかなかお客様は定着しにくいという考えだ。そのため、第1ステップと第2ステップは1セットで考えておく必要がある。

しかし、このような考え方はあまり語られていない。「固定客になりやすいお客様」なんて、どんな本を読んでも載っていない。

コンピュータ屋の私だからこそ、実際の店舗データを数多く見ることができる。日本で一番多くの店舗データを見てきたからこそ語れる、画期的な経営手法と言っていいだろう。

本書では、実際のデータと多くの成功事例を交えながら、この手法を紹介する。

▼1章では、「**なぜ、お客様はリピートしないのか**」――その理由と固定客化に焦点を当てるメリットをご紹介する。

▼2章では、「**どうすればお客様がリピートするのか**」――それを、データを使って

解明していく。固定客化には原理原則がある。驚きの分析結果を基に、販促理論に展開していく。

▼3章が、この書籍の肝のひとつとなる。「**7倍固定客にするツール**」をご紹介する。いつ、何を使い、どうすればいいのかまで、手取り足取りナビゲートしていく。

▼4章では「**顧客情報活用の重要性**」について述べる。手っ取り早く売上げを上げる秘密がここに隠されている。これが有効活用できなければ顧客戦略は成功しない。

▼5章から6章にかけてが、本書のもうひとつの肝となる。「**なぜ、新規客が集まらないのか**」——その理由を解明後、具体的に「新規客がザクザク集まる方法」を紹介する。私が提唱している、「**アナログブログ**」、「**店員さんスター戦略**」、「**配布メニュー**」など、あなたが初めて耳にするような革新的なアイディアが満載だ。

▼最終章では、「**販促術よりも大事なこと**」に触れる。遠回りのようだが、これこそが**売上拡大の魔法**なのであり、私自身が売上げを上げてきた手法である。本書の内容と少しズレるかも知れないが、あえて最終章で語らせていただいた。

本書は、長年「すばらしい商品さえ提供していれば、お客様は勝手についてくる」、

「割引きを使わないと、お客様は集まらない」と考えていた経営者にとって、まさに目からウロコの内容となるだろう。

売り方さえ変えれば、あなたの会社は儲かりはじめる。
正しい売り方をすれば、あなたの店には行列ができる。

そう。私のクライアントがそうだったように。
本書を読み終える頃には、その理由がおわかりいただけるだろう。

2009年1月

高田 靖久

◉目次

2章　1回きりのお客様を「7倍」固定客にする方法

3章 7倍固定客にする「3つのツール」

4章 成功を左右する「顧客情報」の活用法

5章 なぜ、新規客が集まらないのか？

6章 新規客をザクザク集める方法

装丁◉TYPEFACE　渡邊民人
本文DTP◉志岐デザイン事務所

1章

なぜ、お客様はリピートしないのか？

1 あなたの店を繁盛させる簡単な秘密

◆1回きりのお客様はどれくらいいるか？

ここで、目が覚める話をしよう。

あなたの店には、多くのお客様がいることだろう。

その中で、過去に「1回」だけ利用し、その後はまったく利用していないお客様がいるはずだ。

このようなお客様のことを、本書では「1回きりのお客様」と呼ぶことにしよう。

ところで、あなたはご存じだろうか？　その「1回きりのお客様」が、店の全お客様のうち、どれくらいの割合を占めているのかを？

「いゃあ、うちは商品には自信があるからねえ。1度でも利用してもらえれば、あとは放っておいても繰り返し利用してもらえるよ。そうだなあ……1回きりのお客様は、全体の2割、多くても3割ぐらいじゃないかなあ」

多くの店がこのような感覚を持っている。「商品」と「接客」と「店の雰囲気」さえよければ、あとはお客様が勝手にリピートしてくれる。そう思ってしまう。

ところが、実態はそうではない。実は、ほとんどの店の場合、「1回きりのお客様」の割合は何と70％を超えているのだ。

つまり、多くのお客様が、あなたの店を「1回きり」利用して過ぎ去っているのである。

え？

何を証拠にそんなことを言うのかって？

私はコンピュータ屋である。美容院や飲食店の800店舗以上のデータを見てきた。

あなたの店が例外的でなければ、同じような状態になっていると判断して間違いない。

これはデータが証明している。仮に、あなたの店が例外だろうと、「1回きりのお客様」が占める割合は、60％を超えているはずだ。

しかし、そんな店はほんの一握りであり、ほとんどの店で「1回きりのお客様」の割合は70％を超えている。

◆店を繁盛させる簡単な秘密とは？

さて、あなたの店を大繁盛させる簡単な秘密をお話ししよう。

この「1回きりのお客様」の利用回数を「2回」に変えるだけで、売上げは上がりはじめる。

しかも、70％以上いる「1回きりのお客様」のすべてを、2回に変える必要はない。あなたの狙いはわずか10％減。つまり70％いる「1回きりのお客様」を60％に低減させるだけで、売上げは上がりはじめるのだ。

多くの経営者が、新規客をほしがる。いや、熱望すると言っていい。フリーペーパー、割引チラシ、紹介チケットなど、すべてにおいて割引きで新規客を集めようとす

図1◉お客様の割合

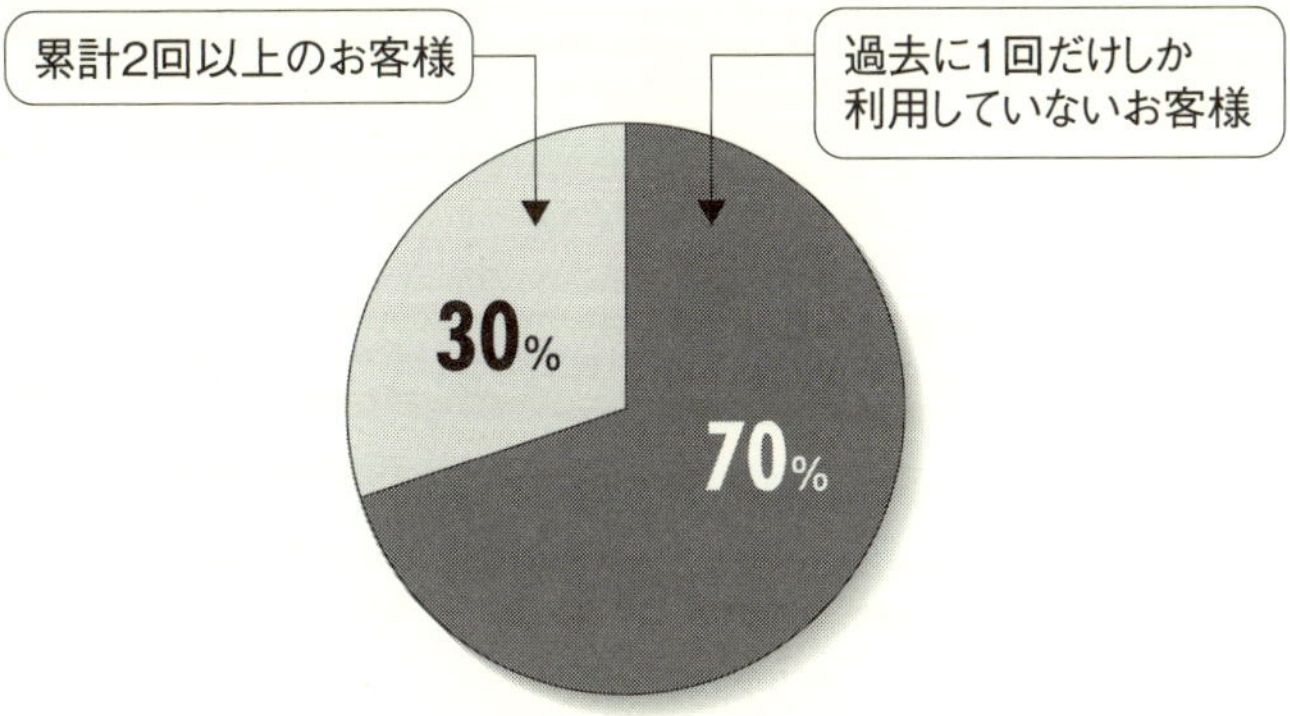

る。私だって、それがすべて悪いとは言わない。割引きを使えば、新規客は集客しやすい。では聞こう。

——それで、売上げは上がったのか？

もちろん、その瞬間は上がっただろう。しかし、そのお客様がその後も繰り返し利用しているだろうか？　実は、割引きで集客したお客様は著しくリピート率が低い。ということは、せっかくお金をかけて集客したのに、その月の（最悪はその日の）瞬間的な売上向上にしかつながらないのだ。

だからこそ、私は声を大にして言いたい。

「1回きりのお客様」を数多く集めたって

意味がない。大事なのはそのお客様に、いかに繰り返し利用していただくか、だ。

そのため、「固定客化」が重要なのだ。星の数ほどある同業者の中から、なぜかあなたの店を選んでくれた新規客に、いかに繰り返し利用いただくか？ ここにこそ焦点を当てなければならない。事実、私のクライアントの多くは、そうして売上げを拡大してきたのである。

2 なぜ、価格が安くても お客様はリピートしないのか？

◆リピート率が低いお客様とは？

このように「固定客化」に焦点を当て、売上げを拡大した例を紹介しはじめると、きりがない。だからと言って、私は決して「新規集客が必要ない」と言っているわけではない。

当然、既存客の売上げだけでは、事業規模を拡大していくのは不可能である。フリーペーパー、割引チラシなども、私は否定しているわけではない。これはこれで、新規集客にすばらしい効果を発揮する場合もある。

ただ、いくら割引チラシを使って新規客をたくさん集めてみても、そのお客様が「1回きりのお客様」であればあまり意味がない。問題は、そこで獲得したせっかくの新しいお客様を「そのとき1回きり」で終わらせていることだ。

しかし、割引きで集めたお客様はリピート率が低い。

「フリーペーパーで集めたお客様は、次回も割引きがないと利用してくれない」

まるで口を揃えたように、多くの経営者から聞く言葉だ。あなたの店が続くかぎり割引きを続けられるのであればそれでもいい。だが、結果的にそれは割引きではなくなってしまうことになる。それは「定価」だ。毎回、表面的な割引きでお客様を維持し続け、それをお客様がいつまで「得をした」と感じるだろうか。あなたが利益を削って割引きをし続けても、結果的にお客様は「さらに安い店」を求め離れていくことになるだろう。

しかし、これは仕方がないことなのだ。問題はお客様にあるのではない。そもそもの問題は、安さだけを打ち出し、「価格だけに興味を持っているお客様」を集めたことにある。

◆「固定客になりやすいお客様」を集めよう

だから、発想を変えてほしい。あなたが商品に自信を持っているのであれば、何も割引きで集客する必要はない。あなたは、十分に集客できる「力」を持っている。それが**「価値観」**だ。

あなたの店の価値を、まだ見ぬお客様に伝えていただきたい。

お客様は、価格だけで店を選んでいるのではなく、「いつもよりもおいしい料理が食べたい」、「今より、もっとキレイになりたい」と思っているのだ。

それなのに、多くの店が「価格」だけを売りにしてお客様を集めようとしている。だから、価値観に共鳴しないお客様が集まってしまうことになる。価値観に共鳴していない以上、価格の安さで満足感を得ようとするのは当然の話である。

世の中には「あなたを必要としている」まだ見ぬお客様が存在している。このお客様は、決してあなたに価格だけを求めているのではない。

「価値観」を求めているのである。

「価値観に共鳴するお客様」――このようなお客様は、あなたの店を見つけさえすれば、固定客になりやすい。これは、当たり前すぎるほど当たり前の話だ。

しかし、肝心の店がそれを発信していない。フリーペーパーや割引チラシで、価格の安さだけを訴求している。「あなたを必要としているお客様」が、あなたを探し求めているにもかかわらずだ。

だからあなたは、「固定客になりやすいお客様」が、あなたの店を見つけるために、お客様に「価値」を発信してほしい。

そんな夢のような方法を、本書では公開していく。

2章

1回きりのお客様を「7倍」固定客にする方法

1 お客様がリピートしない決定的な理由

◆リピーターにするための強力なヒント

ひとつ、おもしろいデータをご紹介しよう。お客様をリピーターにするための、強力なヒントとなるだろう。

「初めて利用したお客様の3ヶ月間の動向比較」だ。

まず、店のお客様を左の図2のように、大きく2つのグループに分けてみよう。

Aグループは、初めて来店して以降、その後3ヶ月以内に2回目の利用をしていないお客様。

図2◉初めて利用いただいた回数も含めて「3ヶ月間」で調べてみる

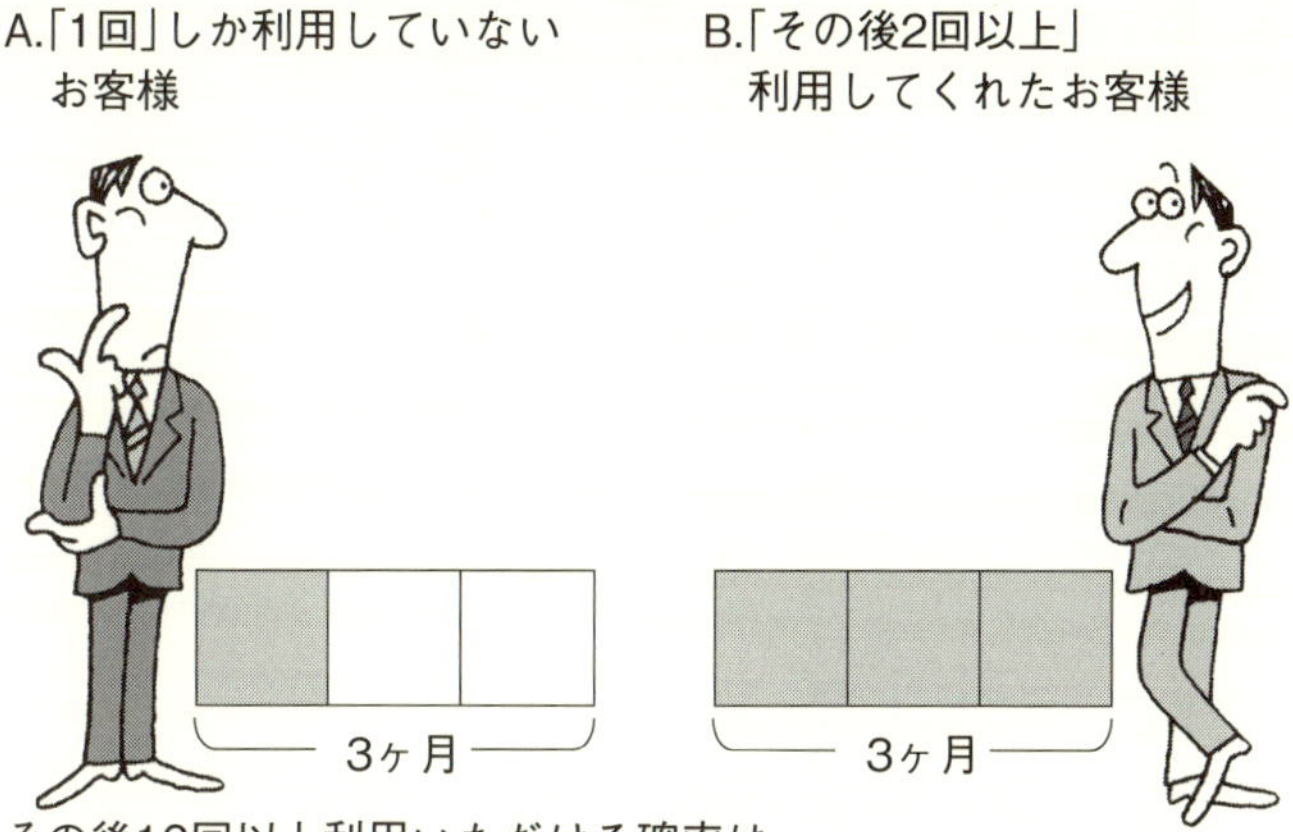

その後10回以上利用いただける確率は……

もしかしたら4ヶ月目には、もう一度利用しているかもしれないが、ここではそれは無視して、3ヶ月間だけを見る。つまり、初めて来店して以来「3ヶ月間でそのとき1回きり」しか利用しなかったお客様のグループだ。

一方のBグループは、初めて来店して以来、その後3ヶ月以内に立て続けに2回以上利用したお客様だ。つまり、「3ヶ月間でその後2回以上」利用したお客様のグループである。

この両グループの中から、その後2年以内に「同じ店を10回以上利用しているお客様」が発生している割合が、どれくらい異なるのかを調べてみた。

こんなことはコンピュータ屋でもない限り、なかなかできないことだが、驚くべきことがわかった。

実は、その割合が、AグループよりもBグループのほうが、何と**7倍以上も多かった**のである。

つまり、「3ヶ月間でそのとき1回きり」のお客様よりも、「3ヶ月間でその後2回以上」利用したお客様のほうが、7倍も固定客になりやすいということがわかったのだ。そしてこれは、その後どの店で分析してみても同じような結果になった。

このようなことがわかると、ここに販促のヒントが隠されている。

つまり、新規客を固定客にしたいと思うなら、「いかにして3ヶ月以内にあと2回以上利用してもらうか?」ということに販促の焦点を当てればいい。これによって、新規客はグンと固定客になりやすくなるのである。

図3◉AよりもBのほうが7倍以上固定客化しやすい

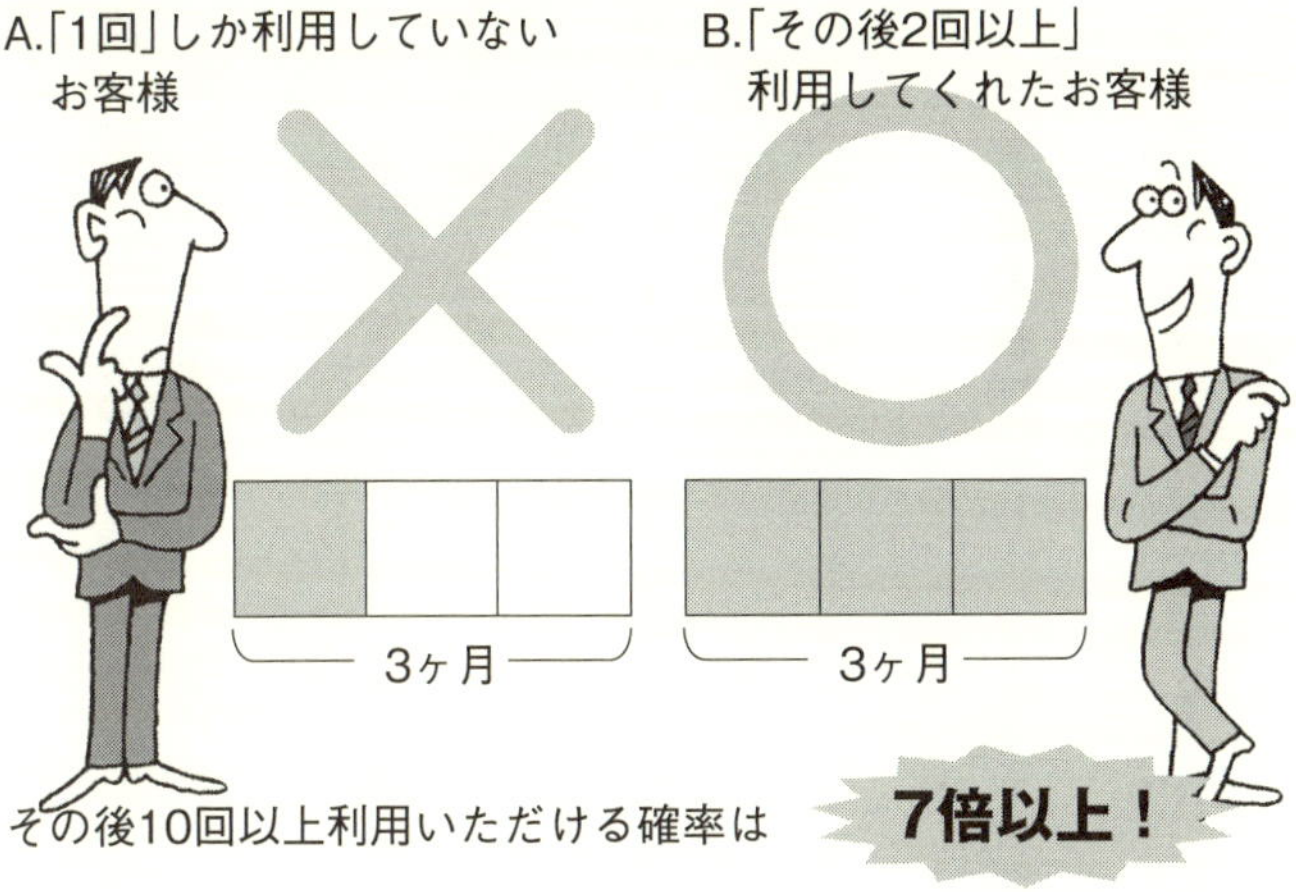

しかし、この「3ヶ月以内」という期間設定は、客単価や業種によってはバラツキがある。飲食店であれば、客単価の高いフレンチや料亭などではこの「3ヶ月間」を6ヶ月や1年など、少し長めに見ていく必要があるだろう。逆に、客単価の低いラーメン店などでは1ヶ月間など、短い期間で見ていく必要もある。

また美容院などは、お客様がいくらその店を気に入っても、「あの店、上手だったから来週もまた髪を切りにいこう」といったことは起こらない。やはり、最低限の来店サイクルが存在する。

そのため、美容院では6ヶ月ぐらいで見ていくのがいいだろう。

ただ、いろいろなパターンで説明をすると、わかりにくくなるため、本書ではあくまで平均的なデータで話をすすめていくことにする。

「うちは平均的な店だけど、3ヶ月間であと2回は無理だよ」——そう考えているあなたに朗報がある。

3ヶ月以内にあと2回が無理なら、3ヶ月以内にあと1回だけでもかまわない。それでも、固定客になる確率が4倍以上に引き上がる。

だから、どんなことをしてでも3ヶ月以内にあと1回、できればあと2回利用してもらう。ここに販促の焦点を当てていけば、お客様は固定客にグンと引き上がるのだ。

◆どうすればお客様はリピートするか？

では、どうすれば新規客は「3ヶ月以内にあと2回」利用するようになるのか？

そのテクニックをご紹介しよう。それはとても簡単なことだ。初めて利用したお客様に手紙を送ればよい。しかし、1回だけ送ればいいかというとそうではない。**3ヶ月以内に3回、立て続けに「3つのダイレクトメール」を送る**のである。

なぜ、こんな簡単なことでお客様がリピートするのか。もちろん、そこには理由がある。そもそも、お客様はなぜリピートしてくれないのだろうか？

◆お客様がリピートしない理由とは？

お客様がリピートしないのは、何が原因と思われるだろうか。商品？　接客？　それとも価格？　たしかに、それらも重要な要素である。しかし、それらは決定的な理由ではない。あなたの店が、いくら最高の商品、すばらしい接客、魅力的な価格を提供していようと、お客様が2回目を利用しないのにはまったく別の理由が存在するのである。

その決定的な理由とは何か？

それは、お客様があなたの店のことを、ただ単純に**「忘れている」**ということだ。

◆お客様に忘れられない「3の法則」

実は、人間の脳には「3の法則」というものがある。

これは、人間の脳は「3」のつくタイミングで物事を「忘れる」ようにできているという考え方だ。

まず、最初のタイミングは「3日後」。

私が学生時代に教わった心理学の先生は、「今日勉強した内容は、必ず80時間以内に復習しなさい。そうしないと、人間の脳は8割の内容を忘れてしまう」というのが口癖だった。

80時間、つまりおよそ3日間。何も思い出さないまま3日以上経ってしまうと記憶を呼び戻すのが困難になるというのだ。たしかに、3日以上前のことは思い出しにくい。

その証拠に、あなたは４日前の夕食を即座に思い出せるだろうか？

次のタイミングが「３週間後」。

ワクワク系マーケティングで有名な小阪裕司先生も、著書『「惚れるしくみ」がお店を変える！』の中で、「人間の記憶は21日を過ぎると、思い出しにくいところに格納されてしまう」と述べている。21日、つまりは３週間。

そして、その次のタイミングは３ヶ月後。

人間は、ある物事を経験してから３ヶ月間そのことを一度も思い出すことがなければ、それ以降、そのことを思い出す確率は極めて低くなると言われている。

つまり、初めて利用したお客様が、あなたの店のことを思い出すきっかけが「３ヶ月間」なかった場合、それ以降、あなたの店を思い出す確率は極めて低くなっているということだ。お客様の頭の中に、あなたの店の名前が思い浮かんで来なければ、選ばれる可能性は０％。だからこそ、まずは「思い出してもらう」ことが大切なのだ。

人間が店を決定する順番を間違えないでほしい。

①まずは「思い出す」
↓
②「そう言えば、あの店はよかったな」

という順番だ。

「すばらしい商品を提供していれば、お客様は思い出してくれる」。残念ながらそうではない。だって、人間は3日で忘れていくのだから。

◆お客様が思い出すのは何店舗か？

「一度利用した店を、お客様が忘れるわけがないよ」と思っているあなたに、今から体感してもらおう。

たとえば、中華料理店で考えてみよう。

あなたの住まいの近くに中華料理店があるだろう。その中華料理店を、私にいくつか紹介してほしい。味のよし悪しは関係ない。とにかく、あなたが過去に利用した中華料理店すべてを、思いつく限りどんどん挙げてほしい。制限時間は1分。はい、スタート。

さて、いくつ思い浮かんだだろうか。20店舗？　それとも10店舗くらいだろうか？10店舗も思い浮かんだ人は、かなりの中華料理好きかよほど記憶力の高い人だろう。

普通の人の場合、1分間で思い出せるのはせいぜい3〜5店舗だろう。

では、あなたが今までに利用した中華料理店はたった3店舗だけだろうか？　そんなことはないはずだ。ごく普通の人なら、少なくとも10店舗以上の中華料理店を訪れているはずだ。では、なぜその10

数店舗が思い浮かばないのか。そう。それは「忘れている」からに他ならない。

さて、仮にあなたが中華料理店を経営していた場合、お客様が思い浮かべた「3〜5店舗」の中に入っていなければ、あなたの店は選ばれていないことになる。

つまり、味やサービスはその後の問題なのだ。

実際、あなたが思い浮かべた3〜5店舗は、あなたが知っている中華料理店のベスト3だっただろうか？　きっとそうではないはずだ。

もちろん、時間をかければまだまだたくさん思い出せるかもしれない。

しかし、今の質問は、「中華料理」と限定したからまだいい。お客様はそう考えないことも多い。「今晩、何か食べに行こうか？」と考えることも多いのだ。すると、中華料理だけでなく、寿司や焼肉、焼き鳥、居酒屋、フレンチ、ピザ、パスタ、和食など、すべての外食産業の中から3〜5店舗くらいしか頭の中に浮かんでこないはずである。

お客様の頭の中に、あなたの店の名前が思い浮かんでこなければ、**選ばれる**

どこかに
いい店がないかなぁ
ここで思い出さなければ、
選ばれる可能性は
0%

可能性は0%だ。

だからこそ、まずは思い出してもらうことが先なのだ。

まずは「思い出す」→「そう言えばあの店がよかったな」という順番で店は選ばれる。決して「あの店がよかったな」→「だから思い出した」ではないのだ。ここを勘違いしてはならない。

味やサービス、店の雰囲気などなど、いくらがんばっても流行らない店の問題点はここにある。お客様に忘れられているから、選ばれようがないのである。

では、逆に考えてみよう。

あなたの店が、他のライバル店を押さえて、すぐに思い浮かぶ3店舗に入っていたら？　きちんとした商売さえしていれば、お客様が選んでくれる確率が高くなるのは理解いただけるはずだ。

だからこそ、新規のお客様には3ヶ月以内に3回、「3つのダイレクトメール」を送ってほしいのだ。

次章では、その「3つのダイレクトメール」を詳しく紹介していこう。

【参考文献】

◎あなたにもできる『「惚れるしくみ」がお店を変える！』小阪裕司（フォレスト出版）
◎『「儲け」を生み出す「悦び」の方程式』小阪裕司（PHP研究所）

3章

7倍固定客にする「3つのツール」

1

3日後に届ける「サンキューメール」

◆7倍固定客にする「3つのダイレクトメール」

7倍固定客にする「3つのダイレクトメール」——このテクニックを実践することで、新規客が固定客に成長する確率はグンと引き上げられる。だからと言って、「ただ単に、3ヶ月間で3回送ればよい」ということではない。顧客戦略には原理原則がある。送る「タイミング」と「内容」が重要なのだ。

タイミングの秘訣は「3の法則」にある。

つまり、お客様の記憶が薄れそうになるタイミングを狙う。3日、3週間、3ヶ月。

お客様が忘れてしまう前に、お客様の心に突き刺さるように送るのだ。

しかし、タイミングと同じくらい大事なのは「内容」だ。いくら思い出してもらっても、「その店にまた行きたい！」と思っていただかなければ効果はない。

私たちは、それらのダイレクトメールを次のように呼んでいる。

3日後に届けるダイレクトメール…………「サンキューメール」
3週間後に届けるダイレクトメール………「ライクメール」
3ヶ月後に届けるダイレクトメール………「ラブメール」

3日、3週間、3ヶ月という、それぞれのタイミングに即したダイレクトメールを送るのである。

では、その内容を順に解説していこう。

◆サンキューメールでは「感謝の気持ち」を伝えよう

サンキューメールでは、お客様に「感謝の気持ち」をお伝えしよう。「当店をご利用いただき、ありがとうございました。またのご利用をお待ちしております」という思いを込めたお礼の手紙。

しかし、こんなことはほとんどのコンサルタントが言っていることで、経営ノウハウ本などにも書かれていることだ。だから、すでに実行している店も多いはずだ。

しかし、はたしてそれで効果はあっただろうか？

今までお礼状を送っても効果がなかったのであれば、それは内容が間違っているからだ。お礼状を送ること自体が間違っているのではない。送らないよりは、送ったほうが絶対にいいのだが、戦略も持たずに行動しても、経費と労力をかけた割にはリターンが少ないと嘆くだけになってしまう。

◆感謝の気持ちを伝えるだけでいいのか？

では、何を書けばいいのか？

極端な話、「先日はご来店いただきまして、誠にありがとうございました。またのご来店を心よりお待ち申し上げております」以外に書くことはない。

しかし、私のクライアントが送るサンキューメールはお客様にとても喜ばれる。心に響く。リピートを促進する。しかも驚くなかれ、口コミまで生んでいるのだ。

なぜか？　もちろんそこには秘密がある。

それは、単純にお礼を書いているだけではないからだ。実は、「お礼以外」に大事なことを「2つ」加えて書いていただいている。

◆店のこだわりやうんちくを伝えよう

そのひとつ目。それは、来店するだけではわからなかった、店や商品の「こだわり」

や「うんちく」である。

あなたの店の商品は、間違いなくすばらしいと思う。でも、なぜその商品がそんなにすばらしいのか、お客様にはその理由がわかっていない。ところがその理由がわかると、お客様はさらなる付加価値をあなたの店に感じるようになる。

あなたの店は、こだわりがたくさんあるだろう。しかし、いくらこだわりがあっても、それがお客様に伝わっていなければ、そのこだわりは存在しないに等しい。だからこそ、そのこだわりをお客様に伝えてほしいのだ。

もちろん、「そんなことはもう、店の中で伝えているよ」という店も多いだろう。しかし、それをダイレクトメールでもう一度伝えてほしい。だって、人間は「3日で忘れる」からだ。であれば、忘れられないように、あらためて店の「こだわり」や「うんちく」をサンキューメールで伝えるのである。

◆サンキューメールで口コミが生まれる

しかも、サンキューメールを送ると「口コミ」まで生まれはじめる。

実は、口コミというのは自然には生まれない。ただ商品がすばらしいだけでは生まれないのである。店側が、「何を口コミしてほしいのか」をお客様に伝えなければならないのだ。

お客様は、あなたが扱っている商品についての知識がない。だから「あの店がおいしかった」、「あの美容院は上手だった」としか言えないのである。

そこで、口コミを発生させるためには「おいしい理由」が必要となるのだ。

「あの店はカクカクシカジカという理由でおいしかった」

このカクカクシカジカを、あなたが教えてあげなければならない。でないと、ただ「おいしかった」としか伝わらない。

では、あなたの店のカクカクシカジカに入る言葉は何だろう？

そう。ここに「こだわり」、「うんちく」を当てはめていくのだ。

◆人に話してもらわなくても口コミは生まれる

ただ「口コミ」とは言っても、別に口で伝えてもらわなくてもいい。たとえば、こんな経験はないだろうか。知り合いから「どこか、おいしいレストランを知らない？」と聞かれたあなたは、自信を持っておすすめのレストランを紹介する。

しかし、なかなかうまく伝わらない。料理の内容、店の雰囲気もさることながら、料金や場所もうまく説明できない。そんなとき、次のような行動を取ることが多い。

「そういえば、家にその店のパンフレットがあるから明日持ってくるよ」

それを受け取った知り合いは、あなたが説明した１００倍、店のことが理解できるはずだ。

その結果、その店を利用することになる。

つまり、口コミを起こすには、そのための「ツール」が必要なのである。そのツールのひとつが「サンキューメール」だ。

◆口コミは身近から発生する

口コミは身近から発生する。その最たる例がお客様の家族だろう。

店内で伝えるだけではお客様のもとには何も残らないが、手紙なら残る。

お客様がダイレクトメールを誰かに見せたり、リビングに置いてあるのを家族の誰かがふと手に取ることもあるだろう。

たとえば、お客様が主婦だった場合。その人に送ったサンキューメールが、家族の目に止まる可能性は高い。娘がそれを見て、「お母さんだけおいしいものを食べてずるい！　私も連れて行ってよ」。ご主人がそれを見て「よさそうな店だな。今度、会社の接待に使ってみよう」。息子がそれを見て、「今度、彼女と行こうかな……」

こんなケースは珍しくない。そして「どんな店だった？」と、家族で話題にのぼることだろう。

「料理もおいしいし雰囲気もよかったわよ」

家族のお墨付きがあれば、これほど確実な口コミはない。場合によっては、「じゃあ、今度のお母さんの誕生日に行ってみようか？」と、家族4人で来店してくれる可能性だってある。口コミとは、こうして広がっていくものなのだ。

これは、あくまで可能性の話だ。しかし、このようなサンキューメールをコツコツと出し続けている店とそうでない店では、口コミが発生する割合に明らかな差が出ることはご理解いただけるだろう。

◆「熱い思い」を伝えよう

「こだわりやうんちく」とは別に、さらにもうひとつ書いてほしいことがある。それが、経営者の「熱い思い」だ。

・あなたは、この店をどんな思いで立ち上げたのか
・そのときには、どんな苦労があったか
・この店に来ていただいて、お客様に何を感じてほしいのか
・あなたが、その商品に託している思いはどんなものか

・その商品を使っていただいて、お客様にどんな感想を言ってほしいのか
・そのために、日頃からスタッフに言い聞かせていることは何か

このようなことは、お客様には伝えない限りわからない。

しかし、このような経営者の思いが伝わると、お客様は店に深い感情を持つようになる。単に、そこに店を構えて商品を販売しているだけの店ではなくなるのだ。「一所懸命商売をしている」、「使命感を持って商品を売っている」、「あの店の商品には情熱がこめられている」――そんなふうに思っていただける。

つまり、このサンキューメールで店に対する「感情」を持っていただくのである。ところが、人間は「店」や「商品」そのものには感情移入がしにくい。しかし、その店や商品が持っている「物語」や、そこで働いている「人」には感情移入がしやすいのだ。

どんな店にも、必ず「物語」がある。開店時の思い出やメニュー開発時の苦労話な

ど、百の店があれば百の物語、百のメニューがあれば百の物語がある。また、百人の経営者がいれば、百通りの物語がある。その物語を、お客様に赤裸々に伝えてほしい。

◆サンキューメールが過去最高の業績を導いた『福岡県糟屋郡・寿司・割烹 歌幸』

さて、サンキューメールに「お礼」に加えて書く内容を復習しよう。

・利用するだけではわからなかった「こだわりやうんちく」
・経営者の「熱い思い」

の2つだ。さて、ここでこう感じたかもしれない。

「そんなにたくさん、1枚のハガキには収まりきれないよ」

たしかに、1枚のハガキには収まらない。だから、サンキューメールは「手紙」になるのだ。1枚に収まりきらなければ、2枚、3枚と続けて書けばよい。この話を聞いて、5枚ものサンキューメールを書いた美容院がある。もちろん、すばらしいサンキューメールだった。

「本当に、サンキューメールぐらいで効果があるのか？――」あなたはまだ半信半疑かもしれない。そこで、私のクライアントのサンキューメールをご紹介しよう。


このたびは「歌幸」をご利用いただき誠にありがとうございます。

女将の水谷菜穂子でございます。

当店の創業は昭和4年。祖父が屋台から寿司店をはじめました。

親子三代寿司一筋。祖父が築いた味やこだわりは父に受け継がれた後、40年の歴史を重ね、現在は私たちに引き継がれています。

長年かけて築いてきた、こだわりは今も変わりません。

刺身や寿司ネタは、とにかく新鮮なものを毎日魚市場から仕入れます。


〜中略〜

ネタの次に重要なのはやっぱりお米。

お米は「特別A地区」でできた、その年で一番できのよいお米を使っています。シャリだけではなく、定食や丼にも同じお米を使っています。シャリには、このおいしい米に「黒酢」を隠し味として合わせています。

その他、とても手紙には書き切れませんが、このようなこだわりを随所に持ち続けています。味だけが取り得の、昔ながらの寿司屋なのです。

しかし、三代目の私が引き継いだのは味だけではありません。

来店されると「がんばってるねぇ」、「おいしかったよ」と言っていただけるお客様こそ、私が父から引き継いだ最も大切な財産です。

このとっても大切なお客様方に、当店でゆっくりとした時間をすごしていただき、その瞬間が、心に残るとっておきの思い出としていただきたい。それが、私たちの心からの願いなのです。

お時間があるときには、また歌幸へお越しください。
そして、どうぞゆっくりしていってくださいね。

―追伸―
何かのお祝いの際にご利用の際には、ひと声おかけください。
よりいっそう腕を振るい、記念にふさわしい料理でお祝いさせていただきます。

寿司・いけす・割烹　歌幸　女将　水谷　菜穂子

いかがだろうか？　実はこの店、数年前は売上不振で苦労していた。
しかし、このサンキューメールを送りはじめてから売上不振が一転する。なんと、数ヶ月後にはバブル期を超える過去最高の売上げを記録した。税理士さんがビックリして「女将さん、いったい何をしたんですか？」と聞きに来られたほどだ。女将さん

は「ただ、この手紙を書きはじめただけなんです」と答えたそうだ。

なぜ、こんなことが起こったのか？

理由は簡単。お客様が店を「思い出した」からに他ならない。もちろん、お客様からすると、寿司店はおいしいことが大事だ。しかし、おいしい寿司店なんて福岡には星の数ほど存在する。だが、他の寿司店はこんなことをしていない。お客様が「今日は寿司が食べたい」と思ったとき、サンキューメールを送っていたこの店は必ず思い出していただけた。お客様の頭の中に思い浮かぶ3店舗に入っていたわけだ。思い出した3店舗のすべてがおいしくてお洒落な店だった。そんなとき、お客様の背中を最後に押すのが「感情」である。

「同じような寿司なら、あの女将さんの店で」、お客様はそう判断したのだ。

その証拠に、次にこの店を利用したお客様の中には「女将さんのこの手紙がうれしかったのよ」と言って、サンキューメールを持参するお客様が多かったのである。

こちらの寿司店は、今でもいろいろな努力を積み重ねて業績を伸ばし続けている。

福岡県「寿司・いけす・割烹　歌幸」

「でも、うちには自慢できるようなこだわりがないから……」と言う人もいるだろう。

それなら、今からこだわりを作ればいい。サンキューメール作成をきっかけに、ぜひあなたの店のこだわりを生み出していただきたい。なぜなら、サンキューメールを抜きにしても、「こだわり」や「うんちく」は大事なことだからだ。

ただ、このサンキューメールだけを送るのではなく、「あるツール」と一緒に送ると、さらに口コミ効果が高まる。

その「あるツール」については6章でご紹介する。

【参考サイト】

◎『寿司・いけす・割烹「歌幸」』(http://www.utakou.jp)

【参考文献】

◎『儲けを生み出す表現力の魔法』平野秀典(かんき出版)

2 3週間後に届ける「ライクメール」

◆予期せぬ驚きを与える

サンキューメールの次に送るのは、3週間後のライクメールだ。

サンキューメールでお客様の心をつかむことに成功しても、すぐにもう一度来店してもらえるとは限らない。そのまま放っておいたら、数週間、数ヶ月が経ってしまうことも少なくない。数ヶ月経っても、また利用してくれればいいほうで、多くの場合、二度と来店してくれない。それはやはり、「忘れてしまう」からだ。

サンキューメールで強烈な印象と感動を残すことに成功しても、それもおよそ3週間後には薄れてしまう。人間の脳の「3の法則」には勝てないからだ。だから、お客様が存在を忘れてしまう前にライクメールを送ってほしい。あなたの店のことを、さらに印象深く「刻みつける」ためである。

お客様からしても、3日後に熱い手紙が届いて、さらに3週間後にも同じ店からダイレクトメールが届く。ほとんどのお客様はこんな経験がない。そんな経験がないからこそ、初めて体感したお客様には「予期せぬ驚き」となって強烈に印象に残るのである。これが「お礼状だけで終わっているライバル店」との差別化につながるのだ。

◆ライクメールでは「すばらしい店である証拠」を伝えよう

では、ライクメールにはどんなことを書けばいいのだろうか?

サンキューメールでは、店の「こだわりやうんちく」、「経営者の熱い思い」を伝えるようにと述べた。とても大事なことだ。しかし、これはある意味、自画自賛でもある。お客様は「なるほど、だからおいしかったのか」と感心してくれるかもしれないが、心のどこかではまだ半信半疑な部分もあるかもしれない。

そこでライクメールでは、「あなたの店がすばらしい店である証拠」をお客様に示す必要がある。ところが、これは自画自賛では難しい。

ではどうすればいいのか。自画自賛がダメなら、そう、**「他人」に賞賛してもらえばいい**。

具体的には、次の3つの方法がある。

・ひとつ目は【同業者に推薦してもらう】こと
・2つ目は【ランキングや過去の受賞歴】を活用すること
・3つ目は【お客様の声】を活用すること

では、くわしく説明していこう。

◆同業者に推薦してもらおう

インターネットで寿司屋を検索してみると、

「〇〇近海でとれたての新鮮な魚だけを使った、安くておいしい寿司屋」

「北海道直送の最高級の食材で握る最高の寿司をご賞味ください」

などと、自画自賛のページが溢れている。これだけだと、本当に信用できるのかどうか半信半疑だ。ところが、なかにはこんなブログが存在していた。

> ――3つ星フレンチレストランのシェフがおすすめするお寿司屋さん――

これを見たお客様はどう思うだろうか？　同じ飲食業の、しかも信用の置ける人がすすめている寿司店ならば間違いない。きっとお客様はそう思う。

これが、「すばらしい商品である証拠の伝え方」のひとつだ。

あなたの店の商品はすばらしいかもしれないが、それを「自画自賛」しているだけでは信用してもらうことはできない。そのすばらしい商品を、いかに「信用の置ける人に推薦してもらうのか?」に焦点を当てていくと信用度が増していくはずだ。

◆ランキングや過去の受賞歴を活用しよう

そういう意味でも、2つ目の【ランキングや過去の受賞歴】を活用する方法も大きな効果がある。

あなたは過去に、「○○コンクール金賞」などを獲得したことはないだろうか?

別に大きな大会でなくてもかまわない。地元だけの小さなコンクールでもいいし、専門学校に通っていたときのコンテストでもいい。

「そんなもの、自慢するのが恥ずかしいくらい小さなコンクールだ」と思うかもしれない。しかし、そんな謙遜は必要ない。なぜなら、消費者にはその賞がどれくらい権威のあるものなのかわからないからだ。

◆プレミアムモルツが売れている理由

たとえば、サントリーの人気ビールに「プレミアムモルツ」がある。たいへん人気のあるビールだが、なぜ売れているのだろう？　おいしいから？　もちろん、それもあるだろう。しかし、それは結果論だ。世の中には他にもおいしいビールはたくさんある。では、なぜ「プレミアムモルツ」が売れているのか？

その秘密が「モンドセレクション金賞受賞」。この肩書きが、「おいしい証拠」になっているのだ。お陰で、いつもはスーパードライを買っている人までもが「そんなにおいしいのなら、試しに飲んでみるか」と思って買う。飲んだら、たしかにおいしかった、という順番だ。

決して、売れていたからモンドセレクション金賞が獲れたわけではない。モンドセレクション金賞を獲ったから、それを活用してメーカーが「売った」のだ。売るために、モンドセレクションを獲りにいったとも言えるだろう。

◆「モンドセレクション金賞」は獲るのが難しいのか？

ところであなたは、「モンドセレクション」とはどんな賞かご存知だろうか？

よく聞く名前だし、たしかに栄誉がありそうな賞に思える。しかし、おそらくあなたもくわしくは知らないはず。だからと言って、わざわざ調べたりもしないだろう。

ところが調べてみると、驚きの事実がわかった。

実は、「モンドセレクション」とは、出品したすべての商品が必ず金賞を獲れるのだ。

……

……とそんなことはない。**これはウソ**である。

もちろん、モンドセレクションは世界的に権威のある食品品評会だ。金賞を獲るのは非常に難しく、すばらしい栄誉なのである。

しかし、そんなことは食品業界に携わっている人だけが知っていることで、一般消費者はほとんど知らない。あなたが私のウソを一瞬でも信じてしまったように、消費者のほとんどは「何だか権威がありそう」と勝手に思って買っている。

あなたならどっちを買う？

おいしいワイン
1000円

2009世界グランドリッチコレクション
金賞受賞ワイン　1200円

たとえば、私の場合、これが「モンドセレクション」ではなく「世界グランドリッチコレクション・金賞」でもよかったわけだ。と言うのは、モンドセレクションがどれだけ権威がある賞なのかは今回調べるまで知らなかったのだから。

だからこそ、あなたが何かの賞を持っているのであれば、それを活用しない手はない。

たとえ小さな賞でも、恥ずかしがる必要はない。それが「すばらしい店である証拠」となる。ただ、小さな賞を、いかにも大きな賞であるように誇大広告をしてはならない。

◆「世界一」の称号を簡単に獲る方法

しかし、「そんな小さな賞さえ持っていない」という店もあるだろう。

でも大丈夫。だったら、**作ってしまえばいいのだ**。大きな声では言えないが、あるチェーン店や業界団体では、自分たちで勝手に賞を作っている例もある。自分たちで作った勝手なコンクールで、自分たちの商品が受賞する。ご丁寧に賞状やトロフィーまで作っている。そして、それを店頭でPRとして告知しているのだ。

しかしこれは、決して珍しい話ではない。

たとえばこんな例がある。

アメリカで「イーチーズ」、「ファドラッカーズ」など、まったく新しい飲食業態を次々と生み出し、「天才コンセプト・メーカー」の名をほしいままにしたフィル・ロマーロ氏。

彼はハンバーガーショップ「ファドラッカーズ」を全国展開する中、何とか世界一のお墨付きがほしいと思った。手っ取り早くそれを手にするため、彼はどんな行動に出たのか？

そう。自分で賞を作ったのだ。

彼は自分で「北米ハンバーガー鑑定協会」なる団体を設立し、ハンバーガーコンテストを開催した。もちろん、優勝したのは「ファドラッカーズ」で、全店にその賞状を貼り出した。また、広告にもデカデカと告知した。「最優秀ハンバーガー賞受賞の店ファドラッカーズが、ご当地に近日オープンいたします！」。この宣伝のおかげで、ハンバーガーは飛ぶように売れたという。

ハンバーガーがおいしいかどうかは、食べてみなければわからない。だから氏は、賞を利用して「おいしい証拠」を世間に知らしめたのだ。そして、日本でも多くの企業がこの手法を使っている。

【参考文献】

◎『外食の天才が教える発想の魔術』フィル・ロマーノ（日本経済新聞社）

もちろん、私は「あなたの店で賞を作って告知しよう」とすすめているわけではない。ただ、第三者からの評価というのは、お客様に「すばらしい商品である証拠」を伝える力があるということを認識していただきたいのだ。だから、何らかの手法を使ってそれを利用することを考えていただきたい。

しかし、同業者の推薦やコンクールの入賞歴がなくても（勝手に賞を作らなくても）、どんな店でもできて、しかも「すばらしい商品」であるという「絶対的な証拠」を示せる方法がある。それが3つ目の方法【お客様の声】だ。

◆お客様の声を活用しよう

大事なことなのでもう一度言おう。

あなたが、いくらすばらしいダイレクトメールやチラシを作っても、消費者から見ればそれは自画自賛に過ぎない。だから、あなたの店をよく知っている第三者に店のよさを伝えていただく必要がある。

「あなたの店をよく知っている第三者」、それこそがあなたの店のお客様だ。

消費者からすると、自分と同じ「お客様」という立場の人から寄せられた「お褒めの声」というのは真実味が深い。

事実、さまざまな業界で、この「お客様の声」が広告に利用されている。

たとえば「通信販売」で、広告物に「お客様の声」を活用していない会社はほぼ皆無と言ってもいいだろう。実際に手に取れない商品を売るとき、「お客様の声」は絶大なる力を発揮する。

伝説の干物屋として名高い、「門司港じじや」という店が関門海峡にある。

干物がおいしいことで有名なのだが、実はこの店はそれ以外のことでも有名なのだ。それが「お客様の声」の利用法である。「じじや」は経営不振に陥ったとき、まさにこの「お客様の声」で売上げを増加させた。その実績はあまりにも大きかったため、そのノウハウが一冊の本になってしまったほどだ。

「でも、お客様の声なんて何だかウソ臭い。お客様にも、どうせ店のスタッフが客のふりをして適当に書いたと思われるよ」

あなたは、そう思ったのではないだろうか？

その通り。あなたがそう思ったように、お客様も「ウソ臭い」と感じるはずだ。しかし、その「ウソ臭さ」を消して、「この『お客様の声』は本物だ」と思っていただくことができれば、あなたの予想をはるかに超えた力を発揮する。

とは言え、どうすれば「お客様の声」の「ウソ臭さ」が消せるのだろう？

もちろん方法がある。それは**「数」**につきる。

「お客様の声」は「質（内容）」よりも「数」が大事なのだ。もちろん、「質」が必要でないと言っているわけではない。お客様からの質の高い賛辞は、その商品に多大な影響を与える。

しかし、いくらすばらしい賛辞をいただいても、それがたった「ひとつ」だけだと効果は薄い。「どうせ、店側のヤラセだろう」と疑いをかけられるかもしれない。あるいは、「この店は、たった1人のお客様からしか喜ばれていないのか？」と思われるかもしれない。そうなると逆効果だ。

極論だが、どんなに「すばらしい賛辞がひとつ」あるより、「少しのお褒めの言葉を100個」集めたほうがよい。100個もの声が集まること自体、その店が「多くのお客様から支持されている証拠」となる。また、100ものお客様の声を店長自身が書いているとも思われない。そのためにも、より多くの「お客様の声」を集めていただきたい。

【参考文献】

◎『売れた！　売れた！　お客様の声で売れました！』秋武政道（大和出版）

3

3ケ月後に届ける「ラブメール」

◆ラブメールは〝危険なダイレクトメール〟

サンキューメール、ライクメールを送っても反応がない場合、「ラブメール」を送ろう。ただしこの「ラブメール」は、これまでの「サンキューメール」や「ライクメール」と大きく異なる点がある。

それは、「サンキューメール」と「ライクメール」を送って、その後来店していただいたお客様には、ラブメールは**「送ってはならない」**ということである。

このダイレクトメールは、いわば「劇薬」だ。使い方を間違えると、店に不利益をもたらす場合もある。その理由と内容を説明していこう。

◆「ラブメール」には何を書くのか？

では具体的に、「ラブメール」には何を書けばいいのか？
サンキューメールとライクメールでは、安易な「割引き」は行なわなかった。なぜなら、割引きは店の価値を下げる恐れがあるからだ。また、客単価を下げてしまうことは、売上げを上げる目的に反することにもなる。

しかし、お客様が来てくれないのでは話にならない。ラブメールは、サンキューメールとライクメールで感情に訴えても心に響かなかったお客様に送る、最後の手段と言っていい。あえて、悪い言い方をさせてもらうと、最後は「感情ではなく、金で釣る」のがラブメールの正体だ。

つまり、ここで初めて「割引き」を使うのである。

◆「買わなければ損」と思わせる数字

ただし、割り引くのであれば、中途半端はやめることだ。

3ヶ月以内にもう一度利用してもらうことができれば、固定客になる確率が4倍に引き上がる。

狙いは、このダイレクトメールで短期的に儲けることではない。視野は長期的に持つ。だから、どうしても来たくなるような、魅力的なオファーをつけなければならない。

人間はある割引率を超えると、「こんなに安いんだったら、このタイミングで買わないと損だ」と感じる数字がある。それが30％割引きだ。原価との兼ね合いもあるが、たとえ30％引きにしたとしても、来店していただいて店を利用してもらうことが大事なのだ。

さらに、この30％引きを「金額」で提示できるとさらに効果が高まる。

「通常4000円の会席料理を2800円で、何と1200円もお得」という感じだ。30％引きと言われるよりも、こちらのほうがお得な感じがするはずだ。

さらに、もし割引券を封筒に入れて郵送するのであれば「1200円割引券」とするより、「1200円金券」としたほうが効果が高い。また、そのチケットは厚紙にして、きちんと印鑑を押して有効期限をつけなければならない。

たかが割引券、されど割引券なのだ。

◆ラブメールで考えられるトラブル

ただし、ここでひとつ注意していただきたいことがある。

それは、ラブメールをお送りしたお客様と、他のお客様が「知り合い」の場合がある。

サンキューメールやライクメールで利用していただいたお客様にはラブメール（つまり「割引きの案内」）が届かない。もちろん、常連さんにも届かない。

ところが本来は、常連さんにこそ「割引サービス」は必要なものである。

「私が紹介したあの人には割引きがあって、私にはないってどういうことかしら？」

お客様は「えこひいき」されたがるものだ。それが、常連の自分よりも、ほとんど店に行ったことがない人のほうが優遇されているとしたら、そのお客様はどう感じるだろうか。場合によってはトラブルの原因となってしまう。

もちろん、このような事態を回避する画期的なテクニックがある。

「買わなければ損だ」と思ってしまう

◆お客様は「当選」したから利用する

そこで、「抽選に当選した」というテクニックを使う。

たとえば「アンケート」を書いてもらう際、それを書いてもらうことで「抽選」にエントリーできることにしておく。「アンケートにご回答いただいた方の中から、毎月抽選で1000円のお食事券をお送りしています」としておくのだ。

すると、ラブメールを送る際に「当選しました」という理由づけができる。

また、それを見たお客様のお知り合いも「抽選で当たったのなら仕方がない」と納得してくれるはずだ。これでクレームも出ない。

ある大手レストランチェーン店を利用すると、1年間は徹底してダイレクトメールが届く。しかし、その後1年間に来店しなかったお客様には「ご当選、おめでとうございます」というダイレクトメールが届く。

しかも中身も魅力的。しかし、この店から送られてくるダイレクトメールはこれが最後。その先店を利用しなければ、その後は一切ダイレクトメールは届かない。

やはり、このレストランも「最後の手段」として、この手法を活用しているわけである。

◆それでも来てくれなければどうするか？

しかし、ここまでしても来ていただけないお客様もいる。

そんなお客様は、きっぱり諦めよう。

ラブメールまで届けても来てくれないお客様は、それ以上は追いかけない。それ以上、送り続けるのは経費の無駄というものだ。

もちろん、それで来ていただけるお客様もいるだろうが、そのお客様が、その後も頻繁に来てくれるかというと可能性は低い。これはデータで証明されている。先ほど紹介したレストランチェーン店も、そういうデータを持っているのだろう。

だから、ラブメールで来てくれないお客様には、その後一切ダイレクトメールを出さない。そんなお客様に固執するよりも、限られた経費をどこに集中するかを考えて、販促の焦点を絞ることが重要だ。

◆何が何でも再来店してもらうことが必要な理由

実はラブメールは、私自身が最も嫌いなダイレクトメールである。来なかったお客様が割引きで得をするということは、私の持論である「えこひいき」理論からもズレている。しかし、それを十分承知のうえで、私はラブメールをおすすめする。

なぜなら、3ヶ月以内にもう一度利用してもらわないと固定客になる確率はグンと低くなるからだ。

店の本当のよさをわかってもらうには、一度だけの来店では難しい。お客様の心理状態によっても、店やサービスに対する評価は大きく変わってしまうからだ。

「前に来たときにはあまり感じなかったけれど、今日の料理は口に合うなあ」

「あれ？　こんなにいい雰囲気の店だったかなあ？」

など、最初の来店ではあまり評価が高くなかった場合でも、二度目の来店で気に入っていただけることがある。その機会を得るためにも「ラブメール」を送って、お客様に最後のチャンスをもらえるようにお願いするのだ。

感情に訴えるために、サンキューメールとライクメールでやるべきことはすべてやった。でも、来てくれない。しかし、もう一度来てもらわないと、店の本当のよさは伝わらない。だから最後は、割引きを使ってでももう一度利用してもらうのである。

名古屋を中心に居酒屋「旅籠家（はたごや）」などを展開し、赤字会社をわずか6

年間で店舗数20店舗・年商20億円の外食チェーン企業に育て上げた鬼頭宏昌氏。氏は著書『小さな飲食店成功のバイブル』の中で次のように語っている。

「あまりにも大切ですのでもう一度言いますが、新規で来たお客様を1人でも多く、2回目以降も来てもらう工夫が最も重要だということを十分に理解する必要があります」

氏の店は言葉どおり、新規で来たお客様に、次回の来店を促すような販促物を渡していた。とくにオープンに伴う集客では、ディスカウントチケットはあまり使わず、お越しいただいた新規客に、次回来店した際に使用できる1000円分の割引チケットを渡していた。オープン間際の割引きを低く抑える代わりに、次回に使用できる食事券のディスカウント率をあえて高く設定したのだ。

【参考文献】

◎『小さな飲食店 成功のバイブル』鬼頭宏昌（インデックス・コミュニケーションズ）

◆3年間で売上げ3倍『北九州市・釜めしもよう』

ここでもうひとつ、私のクライアントの事例をご紹介しよう。

北九州市に「釜めしもよう」という店がある。

私の代表的なクライアントだ。その代表、(株)前田屋の前田展明社長は一時、危機的な経営難に陥ったことがある。借金5000万円を抱え、自己破産まで考えたこともあったほどだ。

しかし、氏は「固定客化」に焦点を当てる。「1回きりのお客様」を2回に変えていく販促に力を注ぎはじめたのだ。

その結果、落ち込んでいた売上げはV字回復し、3年間で売上げを3倍にまで拡大させた。しかも現在にいたるまで、何と80ヶ月以上連続で、売上前年比をクリアし続けている。

当然、現在では借金問題も解決し、そのノウハウを活かして、FCでの店舗展開をしている。しかも、ほとんどの店ですばらしい業績を叩き出している。これは、大手チェーン店が新規客だけを追い求めている一方で、前田氏は徹底して「固定客化」に力を入れているからに他ならない。

【参考サイト】
◎『釜飯宅配・お持ち帰り専門店 釜めしもよう』(http://www.kamamesi.com)

◆80ヶ月以上売上げを伸ばし続けている店がしていること

さて、3つのダイレクトメールについて、そのタイミングや内容を細かくご紹介した。

ただ、これはあくまで基準値にすぎない。送るタイミングや内容などは、もちろんあなたの店に合わせて変えていくべきだろう。

たとえば、先ほどご紹介した私のクライアントの「釜めしもよう」では、3ヶ月以内に3回ではなく、**2ヶ月以内に3回届けている。**

しかし、そのかいあって、1回きりのお客様の割合は全体の54％で、私が持っている平均値（70％）より16ポイントも低くなっている。そして、現実に80ヶ月以上連続して売上げを伸ばし続けている。

ちなみに、「釜めしもよう」の前田社長は、経営でうまくいかないとき、借金の恐怖と、家族・従業員のことを思うと眠れない日々が続いたという。周りの人にも多くの迷惑をかけたと振り返る。成功した今では、昔の自分と同じようなオーナーを助けたいと考え、前田氏が実際に行動してきたノウハウをホームページで公開している。2ヶ月に3回、何を送っているかなども詳しく説明してあるので、ぜひ一度、ご覧になることをおすすめする。

【参考サイト】

『わずか60日でお客さんが2倍になるカンタンな集客方法！』（http://www.hanjouten.com）

さて、サンキューメール、ライクメール、ラブメールを送るのに絶対になくてはならないものがある。それが「顧客情報」である。

しかし、顧客情報を活用するためには重要な注意点がある。これを疎かにすると、顧客戦略はうまくいかない。

顧客戦略を大きく左右する「顧客情報」の活用法について、次章でご説明しよう。

4章

成功を左右する「顧客情報」の活用法

1 手っ取り早く売上げを上げる方法

◆あの店が儲かっている理由

あるテレビ番組で、こんなことが紹介されていて驚いた。

あなたの町にも、とても寂れた「古本屋」があることだろう。当然、お客様なんて入っていない。あれでよく経営が維持できていると思わないだろうか？　ところが、実際はあれで儲かっているのだ。

その秘密は顧客情報の活用だ。

そのような店は、希少価値のある書籍を捜している客のために存在する。その客を見つけたら、あとは「目録」を定期的に送り続ける。すると、まとめて買ってもらえるらしい。

そのため、店先には「高額な書籍」は置かず、奥に隠しているらしい。

また、あなたの町にも小さな「果物屋」があるだろう。同じく、あれでよく経営が成り立っていると思うかもしれない。実際に、店では店頭に並べている果物はほとんど売れないらしい。ところが、この店もやはり儲かっているという。

これも、やはり顧客情報の活用だ。

この店では、贈答品を中心に売上げが構成されていて、お歳暮・お中元の時期になるとお客様にダイレクトメールを送る。するとそのお客様が、それこそ100人分の贈答用フルーツの盛り合わせを注文する。世の中には、もっと安い果物がスーパーに並んでいるにもかかわらず。

一見、儲かっていないように見えても、実は儲かっている。そんな店は、裏では必ずと言っていいほど顧客情報を活用してダイレクトメールを送っているのだ。

◆通販業が儲かっているのはなぜか？

顧客情報を入手するのは、ダイレクトメールを送るためである。ダイレクトメールを送るのは、それが売上げを上げる一番手っ取り早い方法だからだ。

通販業者は、このメリットを最大限に活用している代表的な業界である。いま、通販業は全体的に好調だ。通販業者は多大な費用をかけて、テレビショッピングやコマーシャル、雑誌広告などを利用する。では、通販業者はあれだけで儲かっているのか？ そうではない。通販業者が儲かっているのにはもうひとつ理由がある。

それが**「顧客情報の活用」**である。

◆商品を「買う人」、「買わない人」を見分ける重要性

世の中は、「通販で物を買う人」と「通販では物を買わない人」に二分される。

あなたは通販で、物を買った経験はあるだろうか？　もし、あなたが通販で物を買った経験がなければ、あなたは「通販で物は買わない人」であり、通販で物を買うのに抵抗があるはずだ。それは、電話をかけるのが面倒くさい、何となく信用できない、留守がちで受け取ることができないなど、理由はさまざまだ。ただ共通して言えることは、「通販では物を買わない傾向がある」ということだ。

ということは、ジャパネットたかたの高田社長がいくら魅力的な言葉で話しかけても、あなたはジャパネットからは買わない。それは商品が気に入らないのではなく、「通販では物を買わない傾向がある」だけなのだ。

一方、通販で物を買ったことがあるなら、あなたは「通販で物を買う人」である。おそらく、トーカ堂の北さんがある商品を紹介すれば、あなたは気に入れば買ってしまうはずだ。

もし気に入れば買ってくれるということは、通販業者から見ると「通販で物を買いにくい傾向がある人」に比べると、数百倍も商売がしやすいということになる。だからカタログハウスは、まず「通販生活」というカタログを「売る」のである。お客様に、商品を買うためのカタログを買わせているのだ。カタログを買ってまで通販を利用する人は、一般の人よりも1万倍商売がしやすいはずだ。

◆手っ取り早く売上げを上げる方法

通販業からすると、通販で物を買いやすい人を見つけたら、その人を放っておくことはできないのだ。なぜなら、テレビショッピングは決まった時間には放映していないし、たとえ決まった時間に放映していたとしても、その番組を毎回楽しみにしている人なんてほんのわずかしかいないはずだからだ。

そのため、通販業者は一度注文を受けたお客様に対して、個別に繰り返しダイレクトメールを送るのである。その結果、そのお客様1人から生まれる収益が上昇することになる。

通販業者のほとんどが、このような方法で大躍進を遂げている。これこそが手っ取

あなたの店の商品に

興味がある人たち　　興味がない人たち

じつは、これがあなたには簡単にわかる

り早く売上げを上げる方法なのだ。

◆「あなたの店の商品を買いやすい人」を簡単に見つける法

当然、「買う人」「買わない人」という考え方は通販だけに限ったことではない。

世の中には「外食をしやすい傾向の人」と「外食をしにくい傾向の人」に大きく二分される。「外食をしにくい傾向の人」にいくら経費を使って販促をかけてみても無駄である。

多くの店がフリーペーパーやチラシなどを使って、「その店に興味がない人」にまで販促を行なっているが、このような人に対する販促は、経費をドブに捨てるに等しいと言っていい。だから簡単な話、販促は「あなたの店に興味がある人」にだけ行なえばいいということになる。

では、「あなたの店に興味がある人」とはいったい誰なのか？

もう、お気づきだろう。それは、あなたの店を利用したことがある人だ。あなたの店を1回でも利用したことがある人は、0回の人に比べると5倍から16倍商売がしやすいのである。だから、顧客情報を集める必要がある。

◆創業以来過去最高の業績を記録する『出雲市・小田温泉』

島根県出雲市に「はたご小田温泉」という温泉宿がある。

ここは由緒ある温泉宿で、バブル期は何もしなくてもお客様が来ていた。また、盛大に販促も行なっていた。打てば響くという状態でお客様が溢れていた。

しかしバブル崩壊後、売上げの落ち込みは激しかった。

それでも、自分たちの力を信じていて他人の意見に耳を貸すことすらなかった。ところが、打てば響いていた販促も効果が出なくなってずるずると業績は悪化していった。それでも、従業員は解雇せず、経営者の給料を減らし、資産を切り崩しながら経営を続けた。しかし、そんな経営も限界に来ていた。

小田温泉の女将・石飛裕子氏はようやく人の話を聞いてみようと思った。

数日後、私のセミナーとの運命的な出会いをはたす。人の話は聞いてみるものだ。そこには、今まで自分たちが信じて疑わなかったものとはまったく異なる「売り方」が存在した。それが「固定客化」である。自分たちの間違いに気づいた女将は、その日から「固定客化」への一歩を踏み出した結果、落ち込んでいた売上げは徐々に回復していった。

前年比110％、120％、130％と上がりはじめ、その年の8月には前年比300％の売上げを記録。さらに、2008年8月には創業以来過去最高の業績を記録した。

では、同店では何をしたのか？

そう。「顧客情報の収集」である。

島根県「はたご小田温泉」

今まではお客様のプライバシーを考え、お客様から住所はいただいていなかった。

しかし、私のセミナーに来場したその日から、女将は顧客情報を集めはじめる。宿のお客様だけでなく、併設しているお食事処「清泉亭」のお客様もだ。そして、そのお客様方にせっせとお手紙を送りはじめたのだ。

若主人、若女将夫妻とも力をあわせ、毎月いろいろな企画を打ち出していった。最初は、企画とまでは言えなかった。ただ、お客様にうまくお伝えしていない料理の情報を季節に合わせてお届けした。春なら「お花見弁当」、夏は「うなぎ弁当」、さらに「うにめし会席」や秋には「いちじくを使った創作会席」など、同店を利用してくれたお客様にいろいろな情報を送りはじめた。するとどうだ。お客様がリピートしはじめたのである。

同店は、もともと料理には自信があったしお客様の評判も高かった。「じゃらん」の口コミ評価を見ると、小田温泉は料理の評価で5点満点中4・9の評価がついているほどだ（平成20年12月14日現在）。

ところが、それでも業績が悪化していた。つまり、すばらしい商品を提供しているだけでは業績は回復しなかったのである。

同店は、宿の大がかりな改装をしたわけでも、大きな露天風呂を増築したわけでもない。ただ、顧客情報をせっせと集め続け、はたご小田温泉を「利用しやすい傾向にある人」に情報発信をしていっただけなのである。

【参考サイト】

◎『はたご小田温泉』(http://www.odaonsen.jp)

2 ただの「住所録」では意味がない

◆「どこの」、「だれが」だけでは顧客情報とは言わない

では、「顧客情報」とはいったい何だろうか？

お客様の「名前」や「住所」が集まれば、ダイレクトメールは送ることができる。しかし、これは「顧客情報」ではなく「住所録」だ。顧客戦略上、住所録では意味がないのである。先ほどの小田温泉でも、すべてのお客様にダイレクトメールを送っているわけではない。これが最大のポイントでもある。

顧客情報とは「名前」、「住所」に加えて「いつ」、「いくら」という情報が必要であ

「どこの」「だれが」
だけでは住所録にすぎない

顧客情報とは、最低限

「どこの」「だれが」「いつ」「いくら」

が必要

る。つまり、「どこに住んでいる」、「何というお客様が」、「○月○日に」、「いくらの商品を購入した」という情報が顧客情報なのだ。

これに「何を買った」、「誕生日」「家族構成」、「家族の誕生日」、「趣味」、「職業」からはじまって、可能であれば「最近はまっていること」、「将来の夢」、「好きな食べ物」、「出身校」、「ペットの名前」、さらに「ペットの誕生日」まで、さまざまな情報を蓄積していく必要がある。

ただ、最初からそこまで収集することは難しい。しかし最低限、「いつ」、「いくら」程度は必要だ。そこに誕生日ぐらいまで集めることができればベターである。

ではなぜ、「いつ」、「いくら」が必要なのか。その理由をご説明しよう。

◆多くの店が勘違いしていること

先ほど説明した「あなたの店に興味がある人」の中には、「あなたの店にすごく興味がある人」が存在している。このお客様ほど、あなたの商品を買いやすいと言える。

では、「あなたの店にすごく興味がある人」とはどんな人か？

それは、あなたの店に「たくさんの売上げ」を置いて帰っているお客様だ。

多くの店が勘違いしていることがある。それは、「利用回数が多いお客様は、それ以上は利用回数が増えにくい」と思っていることだ。逆に、「年に数回しか利用しないお客様のほうが、当店に使っているお金が少ないので利用していただきやすい」とも考えている。

しかし、実態はその逆である。

仮に、あなたの店がお寿司屋さんだとしよう。

今日は新鮮なタイが入荷した。それを伝えるために、店の前で客引きをすることにした。そのとき、あなたの店を一度も利用したことがないお客様が通った場合、「今日はおいしいタイが入りました。ぜひ、当店を利用してください」と言って勧誘しても、なかなか入ってくれない。なぜなら、彼らはあなたの店に興味などないからだ。

一方、あなたの店を年に20回利用している北村さんが通った。「あっ、北村さん！今日はおいしいタイが入ったんですよ。寄って行きませんか？」と声をかけると、入っていただける可能性は高くなる。なぜなら北村さんは、年に20回も利用するほど、あなたの店に興味を持っているからだ。つまり、0回の人を1回に引き上げるよりも、20回の人を21回に引き上げるほうが簡単なのである。

◆なぜ、「いつ」、「いくら」までが必要なのか

しかし、利用回数だけがポイントではない。大事なのは、そのお客様の「累計売上

高」だ。つまり、あなたの店に「たくさんの売上げを置いて帰るお客様」を把握しなければならないということだ。これは、顧客戦略上とても大事な考えなので、少しくわしくご説明しよう。

美容院であるあなたの店に、年間100万円の売上げを置いて帰るお客様がいるとする（美容院で年間100万円も使うお客様はなかなかいないが、話をわかりやすくするため）。そのお客様に「新商品キャンペーン・夏のヘッドスパ体験コース5000円」というダイレクトメールを送る。すると、ご利用いただける可能性が極めて高い。

なぜか？

その理由は実に単純。そのお客様からすると、年間「100万円」利用している投資額が「100万5000円」になるだけだからだ。

一方、あなたの店に年に1回、シャンプー「2000円」だけ利用したお客様がいたとする。そのお客様に、同じように「新商品キャンペーン・夏のヘッドスパ体験コース5000円」というダイレクトメールを送っても、まず反応がないはずだ。

この理由も実に単純。そのお客様からすると、年間「2000円」しか利用していない投資額の「2・5倍」ものお金を一度に遣ってくれということだからだ。

とても大事な話をしよう。

店の売上げの75%は、上位30%のお客様で構成されている。

この上位30%のお客様こそが、あなたの店に「たくさんの売上げを置いて帰るお客様」である。

このお客様が、たくさんの売上げを置いて帰るのには理由がある。収入が高いお客様かもしれないし、収入が低くても、「美容のためなら、お金は惜しまない」と考えているのかもしれない。

飲食店であれば、外食が好きなお客様でつき合いが多く、接待ばかりをしている営業マンかもしれない。理由は十人十色だが、その理由は重要ではない。

大事なのは、あなたの店を「利用しやすい理由がある」と

上位３割のお客様が
売上げの75%を占めている

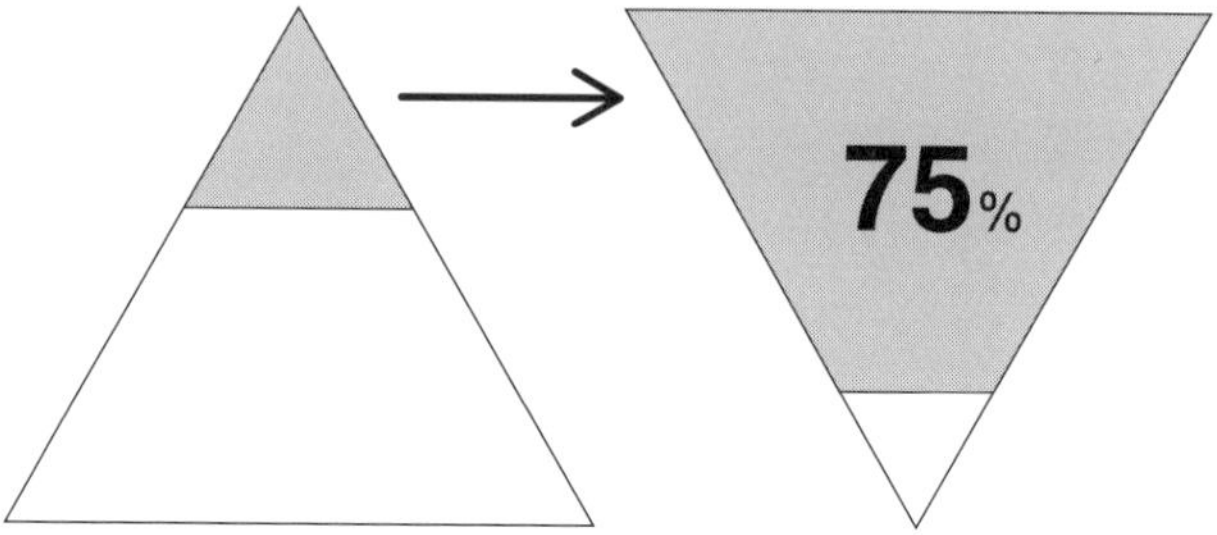

このお客様が、お金をたくさん使うのには、
必ず理由がある

いう現象なのだ。

このようなお客様に積極的にダイレクトメールでセールスをすれば、反応が高いのは当然である。

一方、あなたの店にあまり売上げを置いて帰らないお客様にも必ず理由がある。たとえば、収入が低いお客様かもしれないし、収入が高くても、「髪なんて、うっとうしくなってから切ればいい」、「髪がパサパサでも気にならない」と思っているのかもしれない。

飲食店であれば、外食をほとんど利用しない人で、いつもは家でおいしい料理が用意されているが、たまたま奥さんが同窓会で留守なので仕方なくあなたの店で夕食をすませただけかもしれない。

ここでも大事なのは、**あなたの店を「利用しにくい理由がある」という現象なのだ。**

このようなお客様に、経費をかけてダイレクトメールを送っても、反応が低いのは当たり前である。

つまり、ただ単に名刺やアンケートで名前・住所を集めるだけではダメだということである。必ず、「いつ・いくら」という情報が必要なのである。

◆顧客情報を活用する４つのステップ

以上のように、「どこの」、「だれが」に加えて、「いつ」、「いくら」という情報が必要になってくる。最低限のこの４つの情報が揃って、初めて顧客情報と言えるのだ。

では、「いつ」、「いくら」という情報をどのように活用するのか。

私が提唱する顧客戦略においては、この「顧客情報」を活用し、販促を打ち分けていく。ここで、顧客戦略についての大まかな考え方を示そう。

第1ステップ・新規のお客様を集める【5章・6章で紹介】。また、そのお客様から「顧客情報」を収集する

【本書の購入特典『顧客情報がザクザク集まる方法』(http://takatayasuhisa.com)をご参照】

第2ステップ・サンキューメール・ライクメール・ラブメールを送り、7倍固定客に引き上げる【2章・3章で紹介】

第3ステップ・固定客になったお客様をさらに「ファン客層」に引き上げる。さらに、口コミを発生させる

【前著『お客様は「えこひいき」しなさい！』参照】

第4ステップ・お店の売上げの75％を占める上位30％のお客様に、集中して経費を使

う。お客様の維持こそが、長期経営安定の近道となる

【前著『売れる&儲かる！ニュースレター販促術』参照】

この4つのステップのすべてにおいて、ダイレクトメールを送る対象のお客様は異なる。そのときに「いつ」、「いくら」が必要となるのである。

本書は、この第1ステップと第2ステップに焦点をあてているが、すでにご理解いただいているとおり、「いつ」という情報がなければ、サンキューメール、ライクメール、ラブメールも送ることができないのである。

ちなみに現在、美容院などのサロン店向けだけに「第5ステップ」を用意している。現在、無料でレポートがダウンロードできるので利用していただきたい。

第5ステップ・お客様の来店サイクルを短縮する

【無料レポート『低予算で年間1000人の客数を増やす方法』（http://

takatayasuhisa.com）をご参照】

多くの店が、顧客情報を集めず新規の集客ばかりに力を入れている。

しかし、竹田陽一氏の著作『小さな会社は「1通の感謝コミ」で儲けなさい』（中経出版）によると、利用していただいたお客様にお礼状（サンキューメール）を送っている企業は全体のわずか3％しかないそうだ。だとすると、その後、ライクメール、ラブメールなんて送っている企業は皆無に等しいはずだ。周りがしていないことだからこそ、やれば効果が生まれやすいのである。

【参考文献】

◎『小さな会社は「1通の感謝コミ」で儲けなさい』竹田陽一（中経出版）

◎『一回のお客を一生の顧客にする方法』カール・スウェル、ポール・B・ブラウン（ダイヤモンド社）

5章

なぜ、新規客が集まらないのか？

1 あなたの会社が選ばれない「決定的」な理由

◆あなたの会社が選ばれないのはなぜか

新規客があなたの店を選ばないのには、ある決定的なひとつの理由がある。それは、商品力ではない。また価格でもなければ、接客やサービスでもない。

あなたの店で、

・どんなにすばらしい商品を提供していようとも
・どんなに魅力的な価格で提供していようとも
・どんなに最高の接客をしていようとも

新規客があなたの店を選ばないのには、まったく別の理由が存在するのだ。

その衝撃の理由を今からご紹介する。
それは、星の数ほどある同業店の中から、

「なぜ、あなたの店を選ばなければならないのか？」

その理由がお客様にはわからないからだ。

非常にシンプルな理由である。しかし、シンプルだからこそ、ここにあなたの店を劇的に変えるヒントが隠されている。

多くのお客様には、すでに満足している店があるのだ。それなのに、いくらあなたが「当店に来てください」と一所懸命言ったところでそのお客様は動かない。

なぜなら、「私には10年通い続けて満足している店があるのに、その店を差し置いてまで、なぜあなたの店を利用しなければならないのか？」というのがお客様の本音

図4◉新規客があなたの店を選ばない決定的な理由

星の数ほどある同業店の中から……

なぜ、あなたの店を選ばなければ
ならないのか

その理由がわからない

↓

あなたの店を絶対的に
選ばなければいけない理由を明確に伝える！

だからだ。

もちろん、通い詰めている店がないお客様も多くいる。あなたが狙っているのは、そんなお客様なのかもしれない。

しかし、そのお客様にしてみても、「うちの近所にはあなたの店と同じような店がたくさんある。その中から、なぜあなたの店を選ばなければならないのか？」というのが正直な気持ちだからだ。

であれば、その気持ちを逆手にとればよい。

つまりお客様に、

「あなたの店を選ばなければならない理由」

を明確に伝えるのだ。すると、その店には行列が並びはじめる。

◆新規集客に商品力は無関係

驚くべきことを明かそう。新規客をつかむことを考えた場合、あなたの店の商品力は関係がない。なぜなら、あなたの商品のすばらしさは、店を利用した後にしか判断できないからだ。

新規客が店を選ぶ根拠は、「この店は、多分おいしいだろう」という「予測」に基づくものでしかない。美容院を選ぶときも、「たぶん、カットが上手いだろう」という期待感からでしかないのである。

だから、新規客をつかむのに、商品そのものはほとんど関係ないと言っていい。お客様は、その商品を体験しないまま、期待感からだけで店を選択しているからだ。だとすると、新規客をつかむには、その商品の魅力をいかに「伝えるか」にかかっている。

事実、あなたの店の料理は、他の店よりおいしいかもしれない。であれば、その「おいしい理由と証拠」をお客様に伝えなければならない。あなたの店の接客が他店と違うのであれば、その理由と証拠をお客様に伝えなければならないのだ。

◆松にぎり3000円、カット4200円は他の店とどう違うのか

ここに、ある寿司屋のチラシがある。

当店のお寿司はネタが新鮮でおいしいです
・松にぎり……3000円

・竹にぎり……2000円
・梅にぎり……1200円

さてあなたは、このチラシを見てこの寿司屋を利用したくなるだろうか？

松にぎり3000円、竹にぎり2000円と言われても、その商品が他店とどう違うのかは、このチラシからだけではわからない。

どこの飲食店も、味には自信があってネタは新鮮だと言っている。そんなことは消費者からしてみれば当たり前のことだ。だから、なぜおいしいのかというその違いを説明することが必要なのだ。

もちろんこれは、飲食店に限ったことではない。すべての商売に共通して言えることだ。「カット4200円」――これだけで、はたしてよその店との違いがわかるだろうか？

「うちの店はカットが上手いです」、「うちの店のパーマは髪が傷みません」など、どこの美容院でも言っていることだ。そうではなく、「そのカットがどう上手いのか？」、「なぜ髪が傷まないのか？」というその違いをお客様に伝える必要があるのだ。

◆新規集客に価格は関係ない

ところが、多くの店がそれを伝えていない。広告物のほとんどが、商品名と金額だけ。それだけで、お客様に違いがわかるはずがない。どこでも同じと感じてしまう。同じような商品であれば、お客様は何を基準にして商品を選ぶのだろうか？

そう、価格だ。

だから、安い店にお客が集まる。でも、これは、違いがわからないからだ。しかし、すべてのお客様が「安い商品」を探しているわけではない。多くのお客様は「すばらしい商品」を探しているのだ。

「最近は、割引きをしないとお客様が集まらなくて……」という話をよく聞く。しかし、実態はそうではない。お客様は価格だけでは判断しない。ところが、売り手が一方的に安さだけを訴求して集客しているのだ。その結果、価格だけで判断するお客様だけが集まるようになってしまう。

だから、新規客をつかむには「なぜ、あなたの店を選ばなければならないのか？」という理由を真剣に考えて、お客様にそれを伝える必要があるのだ。

お客様にそれがわからなければ、同業店の中からあなたの店を選ぶ理由はない。

◆「誰でもいいですよ」には誰も反応しない

チラシやホームページなどを作成する際、多くの店が陥りがちな間違いがある。

「うちは、若い方でもお年寄りでも、男性でも女性でも、どんな方にでも満足いただけます」とやってしまうことだ。

しかし、

「誰でもいいですよ」という広告には誰も反応しない。

初めて利用した料理店で、メニューが豊富すぎてどれを選んでいいかわからなかったという経験はないだろうか。そこであなたが「この店のおすすめは？」とたずねてみると、店員はこう答えた。「うちは、何でもおいしいですよ」と。これを聞いたあなたはどう感じただろう。「そうか、この店はすべての料理が飛び抜けておいしいのか」とは思わないはずだ。店員のこの言葉は、あなたには「何を食べてもそう違いはないですよ」と聞こえたはずだ。

あなたの店は、すべての商品がすばらしいかもしれない。しかし、だからと言って、そんな伝え方をしてはならない。

たとえば、あなたがひどい風邪をひいて40度を超える高熱があったとする。しかし、どうしても明日までに治さなければならない。では、あなたが選択する薬はどちらだろうか。

・誰にでも何にでも効く薬
・40度の高熱を、10時間以内に抑えたい人にだけ効く薬

あなたが選んだ答えに、商売のヒントが隠されている。

◆売り込む商品や売りたい相手を絞り込もう

つまり、売り込む商品や売りたい相手を絞り込むと需要が高まる、ということだ。

たとえば、簡単機能で使いやすい携帯電話の広告を考えてみよう。

「どんな人にも使いやすい携帯電話です」と言われるよりも、「この携帯電話は、60代以降の方のために開発されました。カメラやメールなどの無駄な機能を一切なくし、ただ電話をかけるだけの簡単な機能しかありません。その分、液晶画面を大きく見やすくし、ボタンも大きくしてあります。また、高齢者の聞き取りにくい音をフォローする骨伝達機能が内蔵されているため、相手の小さな声でもはっきりと聴き取って会話をスムーズに楽しむことができます」と言われたほうが、「誰に」、「何を」すすめているのかが明確にわかるはずだ。

もちろん、若者はその携帯を買わないかもしれない。しかし、もともと若者が対象ではなく、売りたい相手は60代以降の世代なのだ。「これは私のための商品だ」。そう感じた消費者はこの商品に殺到する。実際、このような簡単携帯は売れている。

あなたの店の「何」を「誰」に売りたいのか。それは、他店と「どう違う」のかに焦点を絞って打ち出してほしい。

◆ユニクロが急成長を遂げた理由

今や、世界進出をはたしたユニクロ。ユニクロは、なぜあれほどの急成長を遂げたのだろうか。現在の日本で、最高のカリスマ性を誇るコンサルタントである神田昌典氏は、『口コミ伝染病』(フォレスト出版)の中で、ユニクロ成長要因のひとつとして、広告する商品を絞り込んだことを挙げている。

一度でもユニクロに行ったことがある人ならおわかりだと思うが、ユニクロにはファッションに関するあらゆるものが並べられている。シャツやパンツ、スカートはもちろん、サンダルやサングラス、ベルトや鞄や靴下まで、その気になれば頭の先から足の先まで、すべてをユニクロで統一することもできる。

しかし、ユニクロが急成長を遂げた当時、「何でもあります、揃います」という宣伝はほとんど行なっていない。では、どんな宣伝を行なっていたのか？

そう。「フリース」一本。ユニクロはあの当時、宣伝の多くを「フリース」一本に絞って行なっていた。ユニクロのフリースがあの価格で、

・いかに素材がすばらしいのか
・いかに品揃えが豊富なのか
・いかにたくさんの色を揃えているか

に絞ってPRしたのだ。

つまり、他店との違いを「フリース」に絞り込んで宣伝したのである。

本当に力のある商品を一点に絞り、それを集中的に宣伝した結果、その商品に興味を持ったお客様が集まったのだ。しかし、実際にユニクロに行ってみると、商品はフリースだけではなく、数多くの商品を目の当たりにする。フリースの商品力を高いと評価したお客様が店に来ているのだ。そのお客様が、他の商品を見てどう思うか。「どうせ、他の商品はたいしたことないだろう」とは思わない。「あれだけ、しっかりし

フリースだけを
買いに来たのに…
UNI
QLO

たフリースを扱っているのなら、他の商品だっていいに決まっている」と思うはずだ。

その結果、フリースに釣られてきたお客様の多くが、セーターからシャツからジーンズ、靴下まで買って帰ることになる。「フリース」しか宣伝していないにもかかわらず、である。

事実、私もフリースほしさにユニクロを利用した客の1人である。もちろん帰りには、両手いっぱいの袋をぶら下げていた。

これをもし、「何でもあります、揃います」とやってしまったのでは、今の成長はなかったかもしれない。なぜなら、そんな宣伝は他の数多くの店がやっていたからだ。

では、フリースに興味を持たなかったお客様をユニクロはあきらめたのか？
もちろん、そんなことはない。
次に投入したのが、「エアテック」だった。

ユニクロのエアテックがこの価格で、
・いかに素材がすばらしいのか
・いかに品揃えが豊富なのか
・いかにたくさんの色を揃えているか
に絞ってPRをした。
すると今度は、フリースには興味はないが、エアテックには興味があるお客様が集まりはじめたのだ。

【参考文献】

◎『口コミ伝染病』神田昌典（フォレスト出版）

◆これを繰り返せば、お客様はザクザク集まる

このように、ユニクロは季節によって「フリース」、「Tシャツ」、「ジーパン」と、打ち出す商品を変えながら単品でPRをしている。そして、その商品に興味があるお客様を次々に集めている。

あなたの店は、すべての商品がすばらしいかもしれない。しかし、そんな伝え方をしてはならない。まずは、あなたの店の「最高の強み」を告知する。そして、その商品に興味があるお客様を集めていくのだ。

もし美容院であれば、「当店は、どんな人にでも上手にカットします」では反応はない。

しかし、「当店は、20代の女性で、オフィスで働いていてエアコンで髪がぱさついている方のボリュームを抑えるカットには自信があります。それは……」とすると、この条件にあてはまるお客様が「私のことだ」と共感する。そして、共感したお客様方が店に集まることになるのだ。

私には関係ないや
当店はどんな人にでも上手にカットします

それって私のことだ！
エアコンで髪がぱさついている20代女性のボリュームを抑えるカットには自信があります

このようなお客様をある程度集めてしまえば、次はメッセージを変える。

「美容院ではうまくいくのに、自宅に帰って自分でセットするとうまくいかない。そんな方が手軽に再現できるスタイリングには自信があります。それは……」とすると、このメッセージに共感したお客様が集まる。

このようなPRをチラシやホームページに載せ、いろいろな角度から集客していけばよい。お客様が何に興味があるかなど、店にはわからない。であれば、定期的にメッセージを変えていく必要がある。もし、反応がなかった広告は止めればいい。反応がないことがわかったことが収穫なのだ。

これを繰り返していけば、あなたの店のチラシやホームページは最高の反応が出せるようになるはずだ。

◆「40歳からの化粧品」——でも買っているのは？

では、「商品」を絞り込むと、その対象となった人しか集客できないのだろうか。

「40歳からの化粧品」というCMを、あなたも一度は目にしたことがあるだろう。

では、この化粧品を買っているのは40歳以上の女性だけなのか？

そうではない。もちろん、最も多く買っているのは40代だが、それ以下の30代や20代の女性も買っているという。

なぜか？

テレビで取材されていた20代の女性は、インタビュアーにこう答えていた。

「40歳以上の女性にきくんだったら、20代の私にはもっときそうな気がして……」

……なるほど、納得のコメントだ。このように、対象を絞ることによって、その対象からはずれた消費者からの反応がアップするケースもあるのだ。

あなたの店のチラシやホームページは「どんなお客様でもいいですよ」、「すべての商品がおすすめです」となっていないだろうか？　それでは、お客様には他店との「違い」はわからない。わからなければ、あなたの店を選ぶ理由は生まれない。

「あなたの店を選ばなければならない理由」

このメッセージを、商品や対象を絞って発信していくのだ。すると、他店との「違

い」が明確になってくる。これができれば、あなたの店にも行列ができはじめること
だろう。

2 商品ではなく「人」を売る。店員さんスター戦略

◆商品ではなく人を売る

あなたの町に2つのパン屋がある。

仮に、A店とB店としよう。この両店は実は同じチェーン店である。だから店名は同じ。扱っている商品も、価格も、店の広さも、雰囲気も、駐車場の広さまですべて同じだ。そして、あなたの自宅からの距離も変わらないとする。つまり、条件はすべて同じという前提だ。ところが、一点だけ違いがある。

・A店では、あなたがまったく知らない「鈴木花子さん」がパンを販売している

・B店では、なんと、あの「浜崎あゆみさん」がパンを販売している

さて、あなたはどちらの店でパンを買いたくなるだろうか？　おそらく、B店でパンを買いたくなるはずである。

それだけの有名人が働いているなら当たり前である。しかし、そこで話を終わらせてはならない。着眼点はそこではない。

では、なぜあなたは「浜崎あゆみさん」から、パンを買いたいのだろうか？

それは、浜崎あゆみがあなたのことを知っているからではない。「あなた」が、浜崎あゆみを知っているからだ。

……まだピンと来ないかもしれないので、話を現実に近づけていこう。

◆お客様は、知らない人から商品を買うのが不安

あなたは今度、生まれて初めてパーマをかけることになった。しかし、少し不安だ。髪が傷まないか、どの店が信頼できるかなどと、悩みながら美容院を探している。

そこで、ある美容院のチラシが目に入る。そのチラシでは、明らかに「他店との違い」が明確になっている。「この美容院ならよさそうだけど……」とは思うものの、なかなか決めることができない。

そんなある日、その美容院がテレビで取材されていた。そこの美容師は「佐藤かおりさん」。もちろん、あなたが知らない人だ。取材されていたとはいえ、店の取材ではなく、消費税アップの報道について、テレビ局が商店街に取材に来ただけだった。

しかし、佐藤さんのコメントは爽快で明るく、前向きなものだった。インタビューでも、「消費税が上がっても、私たちがカットに込める思いに変わりはありません」と笑顔で答えていた。また、インタビューの内容から、あなたと同じ年くらいの子どもがいることがわかった。

最後にインタビュアーから、「不景気ですが、宝くじで1億円あたったら何に使いますか？」と聞かれると、悩んだあげく、「お腹いっぱい、ケーキを食べたいです！」と答えていた。

このインタビューで、あなたは佐藤さんの人間性までもが垣間見えたような気がした。

さて、ここでもう一度聞こう。

- ・A店は、あなたがまったく知らない「鈴木花子さん」が経営している
- ・B店は、その「佐藤かおりさん」が経営している

他の条件がまったく同じだとしたら、あなたはどちらの美容院を利用するだろうか？

おそらく、かなりの確率でB店のはずだ。なぜか？

それは、あなたが「佐藤かおりさん」を知っているからに他ならない。

決して、「浜崎あゆみ」のような有名人ではないにもかかわらずに、である。

つまり、経営者や店長だけでなく、社員や店員、できるならアルバイトに至るまで、「商品」ではなく「人」を売ることが効果的な販促手法となると言えるだろう。そうすることで、たとえ同じ商品を扱っていても店の価値は劇的に上がるのだ。

◆知らない店のドアは開けにくい

知らない町の知らない寿司屋。何も情報がない中で、店内が見えない寿司屋のドアを開くことはとても勇気が要る。

なぜ人は、知らない寿司屋のドアを開けるのに、あそこまで勇気が要るのだろうか。それは、その寿司屋の「料理がおいしいのか？」がわからないからではない。その寿司屋で働いている「人」がわからないから勇気が要るのだ。ドアを開けた瞬間、怖そうな店主がいて「うちは一見さんはお断りだよ」と言われるのが怖いのである。一見さんお断りでなくても、料理に厳しい店主がいて、食べる順番まで気にしなければならないのではないか、などが不安なのだ。決して、味と価格だけを気にしているわけではない。

つまり人は、その店でどんな人が働いているかが気になるのだ。逆に言うと、それがわからないと相当不安だ。だから、どんな人が働いているかを伝えるだけでも、新規客には安心感が生まれる。

たとえば、あなたが喫茶店を経営しているとする。今日は、なぜかとても暇である。いつもなら、ぼちぼちお客様が来てもいい時間なのに、今日は出足が悪い。まあ、店の中で座っていても仕方がない。前々から表のガラスの汚れが気になっていたので、今日は掃除でもしてみようか。バケツを抱えて腕まくりをし、必死に表のガラスをみがきはじめる。

すると、不思議な現象が起こりだす。

お客様が入りはじめるのだ。「入っても大丈夫ですか？」と、ガラスみがきをしているあなたにお客さんが話しかける。「もちろん大丈夫ですよ」と言って、あなたはオーダーを取ってコーヒーを提供する。その後、お客様からの要望もなさそうなので、表に出て、再びガラスみがきをはじめる。

ところが今度は、たった今目の前を通り過ぎたお客様が戻ってきた。「席、空いてますか？」。こんなことを繰り返しているうちに店内は満席となって、ガラスみがきなどしている暇もなくなってしまう。

こんな経験をお持ちの経営者は、意外に多いのではないだろうか。これは、いったい何が起こっているのか？

そう、「人」だ。通りがかったお客様に、あなたという「人」が見えたのだ。

チェーン店なら安心感もあるが、個人店ともなるとそうはいかない。外からでは、中でどんな人が働いているのか見えにくいからだ。

しかし、あなたが外でガラスみがきをはじめると状況は一変する。

「この人がオーナーかな？ ここなら落ち着いてコーヒーが飲めそうだ」と思ったお客様が、安心して店のドアを開けることになるからだ。

これと似たようなことを、わずか4年という飲食業界最速の株式上場をはたしたタリーズコーヒージャパンも行なっていたらしい。

赤字経営から、売上げを拡大させていく過程を松田公太氏は著者『すべては一杯のコーヒーから』（新潮社）で詳細に明かしている。氏は、いろいろな販促活動を行なう中で、店内にお客様がいなくても、スタッフには「常に忙しく動き回るように」指示している。科学的な根拠はないとした上で、「たしかに、一時間で一人、二人のお客様は増やすことができた」と述べている。私は、ここにも「人」が介在していると感じている。

ちなみに同社は、来店したお客様との会話に力を注いでいる。

そして、お客様にタリーズの「こだわり・うんちく・思い」を会話で伝えている。氏は「コーヒーの入れ方と同じくらい、お客様との会話が大切なのだ」と強調している。

【参考文献】

◎『すべては一杯のコーヒーから』松田公太（新潮社）

◆手書きの「アナログブログ」って何？

もう少し、「人」の話を続けよう。

ある町を訪れたときのことだ。交差点に3つのファーストフード店がひしめき合っていた。名前を言えばだれでも分かるようなチェーン店ばかりだ。コーヒーを飲みたかった私は、交差点の向かい側にある業界最大手のファーストフードに入ろうと考えた。

ところが、交差点を渡ろうと歩きはじめると、その手前にあるファーストフードの店前に、小さな「黒板」が置いてあるのが目に入った。どこでもよく見かける黒板だ。どうせ、商品のPRが書いてあるのだろうと思った。

しかし、私はその黒板の前で、しばらく立ちつくすことになる。その黒板にはこんなことが書いてあっからだ。

＊＊＊＊＊＊＊＊＊＊＊＊＊＊＊＊＊＊＊＊＊＊＊＊＊

8月10日（金）はれ

昨日、毎年恒例の家族会議が開かれました。お父さんのボーナスの使い道についてです。私は車がぼろぼろなので「そろそろ買い直したら」と提案しました。

でも、お母さんが「真由美ちゃんが高校生活最後の夏休みだから、みんなで旅行に行きましょうよ」と言い出し、最終的に北海道旅行に決まりました。

私は、家族で旅行なんて恥ずかしいですけど、でもお母さんの、あのうれしそうな顔を見ると……なんだか楽しみです。

(田村 真由美)

＊＊＊＊＊＊＊＊＊＊＊＊＊＊＊＊＊＊＊＊＊＊＊＊＊＊＊＊＊＊

私は思った。「何だこれは？ 店とは何も関係ないじゃないか？」

そして、私は交差点を渡らず、このファーストフード店に入った。私が中に入って、一番気になったのは……そう、田村さんのことだ。店内を見回す。「田村さんってどの子だろう」……でも、なかなか見つからない。

しかし、ついにホールで接客をしている田村さんを発見。私のそのときの気持ちはこうだ。「あっ！ あれが、あの田村さんだ」。私は店に入る前から、田村さんに「感情」を持っていたのである。いや虜だったと言っていいかもしれない。田村さんは、店内を歩くたびに、常連さんたちから話しかけられていた。

「そりゃあ、旅行がいいよ」、「お父さんは車がよかっただろうね？」

世間一般のファーストフード店では、なかなかお目にかかれない光景である。

ここにも、「人」が介在している。私がこのファーストフードに入ったのは、味でも、価格でも、ましてや立地でもない。田村さんが気になったからだ。ということは、この店は商品を売っていたのではなく、「人」を売った、ということになる。あの黒板に、「ハンバーガー200円」などと書かれていたら、私はあの店には入っていなかった。私から見たら、どのチェーン店のハンバーガーでもコーヒーでも、そう違いは感じられないからだ。

しかし私は、田村さんには明らかに興味を持った。これが、この店の「違い」として、発信されたのである。

初めて店前を通った私でさえそうなのだ。毎日、ここを通る人たちは、確実に田村さんを知ることになる。店に入ったことがなくても、田村さんの虜となり、いつしか田村さんの顔を見に店のドアを開けるに違いない。事実、3店あるファーストフードの中で、この店に一番多くのお客様が溢れていた。

この黒板のことを、私は**「アナログブログ」**と呼んでいる。

インターネットのブログを黒板式にしたものと感じたからだ。この「アナログブログ」に集客の効果があると感じた私は、実際に私のクライアントに実行していただいた。

◆アナログブログで新規集客『福岡市・美容 花色』

福岡市西区福重に店に構える「美容 花色」。

スタイリストが3名ほどの小さな美容院だが、オーナーの川田共浩氏は、とても行動力に溢れた方だ。このアナログブログの話をした翌日には、アナログブログ用の黒板を買いに行く。しかし、店のイメージに合った黒板を見つけられなかった川田氏は、自分で黒板を作り上げてしまった。そして、翌日からアナログブログをはじめた。

数ヶ月後、アナログブログの効果を聞いてみたところ、確実に新規客が増えているという。今まで店のことが気になっていたものの、中に入る勇気がなかったお客様が

福岡県「美容　花色」

アナログブログ

ドアを開けるのだという。やはり人は、その店が気になっても店内でどんな人が働いているかがわからなければ、ドアを開けるのに勇気が必要ということだろう。

しかし、川田氏がアナログブログで感情を発信することで、お客様からは、ドアを開く抵抗感がなくなったのである。

川田オーナーの話は続く。

「今までのお客様も、必ずアナログブログを見て店に入ることになります。すると、クスクス笑いながら入ってくるお客様が増えました。そうなると、最初からお客様との会話もはずむようになります」

アナログブログは新規集客だけでなく、既存客との関係構築にもひと役買っているようだ。

【参考サイト】

◎『美容 花色』(http://www.b-hanairo.net)

しかし「美容 花色」では、アナログブログだけで新規の集客をしているのではない。このアナログブログの横には、ある画期的なツールを置いている。

この画期的ツールこそが、新規客を集める原動力となる。

いよいよ、本書でお伝えしたい核心部分に入ることとしよう。

6章

新規客をザクザク集める方法

1 新規集客の画期的ツール「配布メニュー」

◆「配布メニュー」という画期的ツール

これは新規集客の画期的ツールであり、私のクライアントの多くが活用しているツールだ。このツールを使いはじめたクライアントの多くはその効果に驚く。

・あるクライアントでは、割引きを使っていないのに過去最高の集客を叩き出した
・あるクライアントでは、しばらく来なくなっていたお客様が戻りはじめた
・あるクライアントでは、最初から客単価の高い新規客ばかりが集まるようになった
・あるクライアントでは、固定客になりやすい新規客ばかりが集まるようになった

・あるクライアントでは、お客様からの紹介がグンと増えた

などなど、驚くような結果が続々と私の耳に入ってきている。

このツールを、私は**「配布メニュー」**と名づけている。一見、チラシのように見えるが、中身はあきらかにチラシとは一線を画したものだ。

そこで、チラシとの差別化を図るために、私はこのツールを「メニュー」と呼んでいた。この「メニュー」を、主として「配布」して使うため、今では「配布メニュー」と呼ぶようになっている。

では、この配布メニューの中身とはいったいどんなものなのか、その正体を明らかにすることにしよう。

配布メニューでお客様に伝える内容。それは……、

本書の内容すべてである。

もちろん、サンキューメール、ライクメール、ラブメールは単独で行なっていただきたい。しかし、それらの要素も含めてこの章でお伝えしている「あなたの店を選ばなければならない理由」、「売り込む対象・商品を絞り込む」、「商品ではなく人を売る」など、すべてをこの配布メニューに盛り込むのだ。つまり、あなたの店のすべてが、このツールに凝縮されることになる。

では、どのように紙面に構成していくのか。あくまでも一例だが、私のクライアントの配布メニューをお借りして説明していくことにしよう。

◆福岡の人気美容院『ヘアージャンキー』の配布メニュー

福岡市西区百道浜と中央区薬院の2ヶ所に店を構える「HAIR JUNKIE（ヘアージャンキー）」。

同店は、福岡でも非常に有名な美容院だ。オーナーである高倉秀樹氏は、本場ニューヨークで修行し、トップスタイリストにまで上り詰めた。その後、そのテクニックを福岡に持ち帰り、九州では初めてドライカットを採用した店である。また、カラーテクニックでも有名で、１０００パターンを超えるカラーをお客様に提供することができる。

しかし、オーナーである高倉氏は、決して技術力の高さだけにあぐらをかいているわけではない。それをいかに伝えるかに懸命なのだ。これだけの技術を持つ美容院が、販促にまで力を入れている。

次ページが、現在作成中である配布メニューで、今回で4回目になる。

まずは、配布メニューの中面をご覧いただこう。

◆配布メニュー・中面はこう作る

まず中面の左上部。今回、ここでは「カット」に焦点を当てた。

どこの店でも、カットには自信がある。しかし、なぜカットが上手いのかはほとんどの美容院が伝えていない。これを、今回は一番多くのスペースを取って伝えていく。

選べるカラー 1000パターン

「思ったような色が無い…」とお悩みの貴女。

好みのカラーがきっと見つかります。

300種類以上の薬剤を揃えた当店では、組み合わせで1,000色以上の色を創ることができます。ニューヨーク仕込みの高度なテクニックをスタッフ全員が取得。レベルの高さに、他店の美容師さんも勉強に来ているほど…。オゾンを利用したカラーで、髪へのダメージもありません。

※カラーのみの場合、シャンプー・ブロー代が別途2,100円必要となります。

- おすすめ スタンダードカラー----------4,725円(税込)
- ●白髪染め----------4,725円(税込)
- ●おしゃれ白髪染め----------4,725円(税込)
- ●ハイライト----------9,450円(税込)
- ●ヘアカラーフリーパス………52,500円(税込)/年間
  1年間に何回でも、ヘアカラーができます。

  毎月カラーをされる方には断然お得！

パーマで髪のツヤが生き返る

"ぷるん"としなやかに弾む仕上がり。

新登場！痛まない"うるつや"デジパーマ。

「デジパーの繰り返しは痛む」「パーマはお手入れが難しそう」という悩みを解決します！"ダメージはもう気にならない"というコンセプトで生まれた新しいパーマです。
トリートメントを施したような"ぷるん"としなやかに弾む仕上がりは、今までのパーマの概念を根底から覆します。

- ●スタンダードパーマ----------8,925円(税込)
- ●ストレートパーマ----------9,975円(税込)
- ●クリニックパーマ----------12,075円(税込)
- ●形状記憶(デジタル)パーマ----------12,600円(税込)
- おすすめ うるつやデジパーマ…………13,650円(税込)
- ●スパイラル----------14,175円(税込)
- ●縮毛矯正----------15,750円(税込)

私たちの進化は止まりません！ 〜それがken塾〜

ヘアージャンキーアネックスの窓明かりは、閉店後も消えません。

私たちの努力は閉店後も続きます。毎日夜遅くまで、技術向上のトレーニングを欠かしません。オーナーであるkenは、業界ではかなり有名な美容師で、そのkenから週一回徹底的に技術指導を受けています。昨日よりも今日、そして今日よりも明日、私たちは確実にレベルアップしていきます。そして私たちの技術進化と共に、お客様のスタイルも進化していきます。

自信の証。10日間保証

私たちはkenのもと、自信とプライド、なによりも強い責任感を持って、お客様を担当させていただいております。

「美容院では上手くいったのに、自分では上手くセットできない」そんな場合、お手数ですがもう一度ご来店ください。10日以内にご連絡いただければ、何度でも無料で手直しさせていただきます。それでも、ご満足いただけない場合は、全額返金させていただきます。

もちろんお客様をそんなお気持ちにはさせません。ただ、これは私たちの「自信の証」なのです。

HAIR JUNKIE ANNEX

ドライカットのパイオニアです

ドライカット。実は、私たちがニューヨークから持ち帰りました。

乾いた状態でカットする「ドライカット」。
髪本来の状態でカットするので、髪のクセや流れを活かした仕上がりとなり、日頃のお手入れも楽になります。
東京では既に主流となっていますが、福岡ではまだ導入していないお店が多いようです。理由は、高度な技術が必要だから。その点、当店はドライカットのパイオニア。実は、本場ニューヨークのドライカットを九州で初めて持ち込んだ美容室が当店なのです。
本店では、某テレビ局の有名女子アナウンサーにもご利用いただいている人気メニュー。メロス全国大会4位入賞のカットを体感してみませんか？

おすすめ NYウェット&ドライカット 4,200円(税込)
- 大学生-専門学校生------------3,780円(税込)
- 高校生-----------------------3,360円(税込)
- 中学生-----------------------2,940円(税込)
- 小学生以下-------------------2,520円(税込)
- 幼児(同伴者が一緒にカットされた場合)……0円

納得のスタイルになるまで妥協しません

徹底したカウンセリングと最新の技術で、あなたの真の望みを叶えます。

全員で考え、より良いサービスを提供

坂田　圭
- ニックネーム けいやん
- 生年月日 1978.6.29
- 血液型 AB型
- 趣味・特技 ドライブ

自宅でのお手入れは？好みのスタイルは？施術中に心地良く過ごしていただいているか？それらを踏まえた上で、一番輝くスタイルを提案したいと思っています。

そして、お帰りの際には笑顔で握手をして…そんな関係を築けたらいいな♪

常に、お客様の立場で行動します！

田原　宏康
- ニックネーム トシちゃん
- 生年月日 1981.8.7
- 血液型 AB型
- 趣味・特技 サーフィン

常に「キレイに可愛く、かっこよくなってもらいたい」と思いながら仕事をしています。

お客様の個性や雰囲気を大切にして、素敵な部分が引き立つように、日々頑張っています。

ちなみに、癒し系の笑顔も評判です(笑)。

感動を与えられる美容師でありたい！

吉田　絵理香
- ニックネーム ヨッシー
- 生年月日 1984.8.30
- 血液型 A型
- 趣味・特技 模様替え、球技

何事も初心を忘れず、いつも新鮮な気持ちで取り組んでいます。

たまには違う視線でいろいろな人の立場に立ち、物事を見つめたり、聞いたり、考えたりしてみて、お客様により多くのことを伝えたり提案できるように心掛けています。

成長し、お客様に喜んでいただきたい♪

松尾　美沙
- ニックネーム まっつん
- 生年月日 1986.6.5
- 血液型 O型
- 趣味・特技 お買い物、鼻歌

美容師として大切にしていることは「Make up & Big smile」。「Big smile」は、笑顔が人と接する時に最も大切なことだと思うから。「Make up」はお客様がキレイになって喜んでいただき、メイクをする楽しさを伝えたいという願いからです。

ちなみに、以前の配布メニューでは、この場所では「カラー」に焦点を当てていた。「選べるカラー1000パターン」は、やはり同店の強みである。しかし、ある程度集客が落ち着いてきたので、焦点をカットに変えた。しかし、だからと言っていきなりカラーを紙面から消してはならない。そのため、今回の紙面ではカラーを右に配置し少しスペースを縮小した。

さて左下部。ここでPRしているのが「人」だ。

お客様は、美容院の技術の高さが気になる。と同時に、「どんな人が髪を切ってくれるのか」も気になる。だから、ここで同店のスタッフの「キャラクターの質」の違いを訴えている。お客様が同店に来ると、「あっ、パンフレットに載っていた人だ」と思う。そう、まるでスターに会ったかのようにうれしくなるのだ。この安心感は、お客様の緊張の壁を取り払い、その後の施術のしやすさにも影響してくる。

右下部では、同店の「努力の証拠」と「技術力の証拠」を訴えた。スタッフが、日々遅くまで努力をしている様子がわかる。これがお客様には、技術力が高い店としての「証拠」となる。また、その横でしっかり「技術保証」を掲載することで、技術に自信を持っている「証明」となる。これが、、お客様の安心感にもつながるのである。

さて、中面ではこのように、「売り込む対象・商品を絞り込む」、「商品ではなく、人を売る」ことに焦点を当て、「あなたが店を選ばなければならない理由」を明確にしている。これを見たお客様は、あきらかに他店とは違うと感じていただけることだろう。

しかし、同時にこうも思う。「上手いことばかり書いたって、自分たちで作った宣伝物なんだから、いくらでもよく書けるよ」と。これを、そう思わせないようにしなければならない。

◆配布メニュー・裏面はこう作る

だから、配布メニューの裏面では次のテクニックを盛り込む。

お客様から寄せられた感動の声

いつもスタッフの皆さんに癒されています(特に吉田さんのファンです)。坂田さんの腕はすばらしいと思っています。料金アップもなんのその!こちらこそよろしくです。　匿名希望様

坂田も吉田もスタッフ一同嬉しく思っています。料金UPすることで、今まで以上に技術、接客共にレベルアップしていかねばと、身の引き締まる思いです。これからも宜しくお願い致します。


担当者の久連松さんが退社され、少々不安でしたが美容室自体、とても居心地良いので担当を指名せず伺いました。担当は店長さんで、正直、久連松さんより私自身とても気に入るスタイルに仕上げて頂けて、とても満足しています。さすがですね。やはり、キャリアの違いなのでしょうか。また、松尾さんのシャンプーがスバラシイ事。

本当にありがとうございました。がんばって下さいね。

またお店に伺えるのを楽しみにしています。

アルゼンチンババア様

ありがとうございます☆☆
これからも気持ちが良いとたくさんのお客様に喜んでもらえるように、しっかり丁寧に気持ちを込めてシャンプーしていきます。頑張ります。またの御来店心よりおまちしております。

リラックスできるフンイキ優しい電話対応が安心できる。

スタイリストさんと相性が合うのはなか×2難しいのが美容院だと思っていましたが、通う度に、自分に合うスタイルを一緒に考えてくれるので、信頼できます。

春日市 匿名希望様

お店に来て、リラックスして頂けるように(シャンプーのときのせせらぎの音などなど…)ちょっとした工夫で、居心地の良い空間ができると思うので、これからも新しいアイデアを形にして、安心できる技術空間を提供できるようにがんばります!!

ありがとうございます。


毎回、丁寧に接客して下さるので通っています。

接客中のお話も楽しいので、美容院が苦手な私ですが、気疲れする事がないのが好きなところです。

福岡市中央区今泉 松田様

ありがとうございます。

これからも今迄以上に、お客様に心地良く過ごして頂けるよう、スタッフ一同頑張りますので、今後も宜しくお願い致します。

アクセス　地下鉄薬院駅からお越しの場合

薬院駅を出て六本松方面に歩いて下さい。右手にはマクドナルドがあります。

200mほど歩くと右手にローソン、その先に山本山が見えます。その角を右斜めに入ります。

50mほど進むと右手にボンラパスというスーパーがあります。

ボンラパスの向かいのビル2階が当店です。

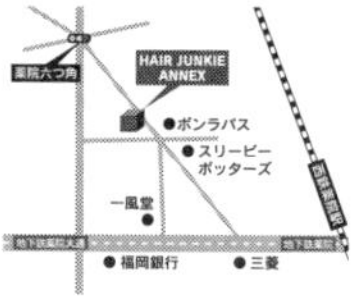

HAIR JUNKIE ANNEX
〒810-0022
福岡市中央区薬院1-11-18-2F
☎ 092-739-6620

受付時間 火～金曜日 10:30～20:00
土・日曜日 9:30～19:00
定休日 毎週月曜日

駐車場 提携駐車場有り
URL http://www.hj-an.com
✉ recepion@hj-an.com

ご予約は簡単です。今すぐお電話にてご予約ください

❶まずは下記にお電話ください
電話にて「予約をしたいんだけど」とお伝え下さい。

❷ご希望の日時をお伝えください
「今回はどうなさいますか?」と聞かれますので、「カット」「カラー」「パーマ」などお伝えください。

❸お名前・ご連絡先をお伝えください
お客様のお名前とご連絡先をお伝えください。

❹わずか3分でご予約完了です
当店は電話受付も、徹底して教育しています。お気軽にお電話ください。

人気店のため、週末のご予約が大変取りづらくなっています。
ご予約は簡単、今すぐお電話を!

0120-296-620(携帯PHS可)

中面の自画自賛だけでは、なかなか信じていただくことはできない。お客様には、「その店が本当にすばらしい店である証拠」を伝えなければならない。そのため、裏面でライクメールのテクニックを盛り込む。

裏面を使って、ふんだんにお客様の声を掲載していく。すると、これを見たお客様が「へえ。お客様にこんなに支持されているなんて、本当にいい店なんだ」と信用していただける。

◆表紙の役割とは何か？

さて、お伝えし忘れたが、配布メニューの基本サイズはA３となっている。このサイズがベストかどうかはわからないが、当社は取り扱いがしやすいようにこのサイズにしている。このA３を二つ折りして利用している。つまり「A４・４ページ」のメニューとなるわけだ。メニューなので、紙質もしっかりした物を使い、決してチラシのようなペラペラしたものではない。

さて、この配布メニュー。ここまでで「中面」と「裏面」について大枠を説明した。では、表紙はどうするのだろう。もちろん表紙も重要だ。表紙だからといって、決してデザインだけに力を注いではならない。

ここで考えていただきたいことがある。

表紙の役割とはいったい何だろう？ 中面や裏面を使って、言いたいことは全部伝えている。では、表紙はデザインだけに気をつけて格好よくつくればいいのだろうか？

もちろんそうではない。表紙には表紙としての役割がある。

これは、週刊誌を参考にするとわかりやすい。週刊誌は、言いたいことはすべて中で伝えている。では、表紙は格好よくつくっているだけなのか？ そうではない。それぞれのトピックにつながる「見出し」が、表紙にぎっしりとちりばめられている。これを見た読者が、「中身を見たい」と思ってコンビニで手に取り、ページをめくることになるのだ。

HAIR JUNKIE ANNEX
今の髪型に不満を感じているアナタへ
もう誰一人、カットで失敗させません――
HAIR JUNKIE
リピーター率81.3%
私達がお客様に支持されている証です
ヘアージャンキー昨年度の売上高のうち、約81.3%がリピートのお客様で支持されていました。本当にありがとうございます。今後も皆様により一層ご満足いただけるよう、スタッフ一同努力邁進してまいります。
ボンラパス正面玄関より右向かい 2F
予約優先 0120-296-620(携帯PHS可)
リピーター続出の人気ヘアサロン。その秘密は？

つまり、「表紙とは、紙を開かせるためのもの」なのだ。

かと言って、表紙だけで完結させてはならない。その続きが読みたくなるようにしなければならないのだ。格好よく作るだけではお客様は手に取ってくれないし、中を開いてもくれない。開いてくれなければ、あなたの店の強みは伝わらない。

そのため、表紙はこのような感じになる。

この表紙が、消費者への投げかけとなっている。そしてその答えが、中面に書いてあるのだ。消費者はその答えが見たくて、思わず表紙を開くことになる。

さて、今回紹介したヘアージャンキーの配布メニューでは、高倉氏のご好意により、すべてのキャッチコピーや写真を公開させていただいた。だからといって、あなたの店でキャッチコピーだけをマネしても意味がない。

まず、考えなければならないことは、キャッチコピーを生むための本質である「あなたの店を選ばなければならない理由」だ。そこで手を抜いて、キャッチコピーだけをマネしても集客は可能である。

しかし、キャッチコピーだけをマネしてお客様を集めても、そのお客様は決してリピートしない。それどころか、あなたの店にとってマイナスにしかならないだろう。

まずは本質を考え抜いてほしい。あなたの店の「本当の強み」と「違い」は何なのか、ということを。

◆配布メニュー最大のポイント

さて、これで配布メニューの本体は完成した。

しかし、話はこれだけで終わらない。最後の仕上げとして、この配布メニューに「最大の仕掛け」を施すのである。私は、これこそが配布メニュー最大のポイントだと考えている。

それは何か？　それは、この配布メニューにあなたの店の「こだわりやうんちく」、「熱い思い」を吹き込むのだ。

そう。サンキューメールである。

サンキューメールとは、新規客に3日後にお送りする手紙だ。

この手紙には店の「こだわり・うんちく」や「熱い思い」が赤裸々につづられている。この手紙こそが、あなたの店そのものを最もよく表わしている。

だったらこの手紙を、まだあなたのことを知らないお客様にも読んでいただきたい。

そして、あなたの「こだわり」や「熱い思い」を知らせるのだ。

そのため、最大の仕掛けとして配布メニューに「サンキューメール」を挟み込む。

私はこの行為を、「配布メニューに命を吹き込む」と言っている。サンキューメールの文章とは、あなたの店の命そのものなのだ。たとえば、売り込み一色の配布メニューに、次のような手紙が挟まっていたら、お客様はどのように感じるだろうか。

どうだろう。お客様には、この店のことがよくわかるのではないだろうか。

人は、「売り込み色」が強いものを読みたくないという心理が働く。そのため、いくらあなたが配布メニューを一所懸命作っても、お客様はそれを読むことはない。し

HAIR JUNKIE OF NEW YORK

「ニューヨークへ行こう」…我ながら大胆な決断でした。ニューヨークの技術は日本とは段違いでした。「髪が乾いた状態で切って、日頃のスタイリングを楽にするwet&dryカット」「髪質に関わらず、どんな要望にもお応えできる1000種類以上のカラーリング」などは現在の日本でも取り入れている美容室はそうありません。さらに高い技術。たとえば「髪を軽くして」と注文されるお客様がいます。カットで髪は軽くなっていきますが、あるラインを越えると、髪は浮いてまとまらなくなります。そのラインは人によって違い、そこを見極めるのが美容師の力なのです。

このほかにも数々の緻密で高度な技術を、ニューヨークの美容室では当たり前にやっていたのです。それはとても衝撃的なものでした。そこから必死の美容師修業が始まりました。美容師としての私のスタイルは、ニューヨークで完成したのです。

3年間でそのサロンのトップスタイリストに登りつめた後、「この高度な技術を日本に持ち帰ろう」と帰国を決めました。そして、ここ青山に「ヘアージャンキー」を構えました。店名は「髪に溺れる人」という意味です。

お客様の要望にギリギリまで挑戦し、でも絶対に失敗はしない…それが私の信念です。

いろいろ書きましたが、私の考えや想いはまだまだ話し足りません。きっと、想いの10%も伝えきれていないでしょう。でもいいんです。お店にいらした時は、全部忘れちゃってください。だってお客様には、髪のことは、私たちにおまかせいただいて「髪に溺れてほしい」のですから

HAIR JUNKIE 高倉香樹(Ken)

かし、「手紙」なら違う。なぜか読みたくなってしまう。だから、配布メニューにサンキューメールを挟み込むのだ。

人は「活字」を読みたくなくても、「手書き」なら少し読んでみたくなる。だから、サンキューメールは必ず手書きにしていただきたい。

サンキューメールを読むと、ここには「こだわりやうんちく」や「熱い思い」が赤裸々に書かれている。お客様は「へえ、近くにこんな美容院があるんだ」と思う。すると、その店が気になり、配布メニューを見てしまう。

中を開くと、「あなたの店を選ばなければならない理由」が明確になっている。でもまだ半信半疑。しかし、裏面を見るとお客様の声がぎっしり。もう、疑いようもない。お客様には「カチッ」とスイッチが入る。そして、あなたの店が選ばれることになるのだ。

◆こうすれば、固定客になりやすいお客様が集まる

つまりお客様は、「割引き・クーポン」だけに反応するのではなく、「思い」がこも

った文章に反応するのだ。

だから、配布メニューに割引きは必要ない。あなたの「思い」が充分に伝われば、割引きなどしなくてもお客様は必ず反応してくれるからだ。

冒頭でも触れたが、割引きで集客したお客様は、言い方は悪いが「価格」で店を選択したお客様だ。割引きし続ければ定着率は高まるが、当然客単価も低下していくことになる。

また、永遠に割引きなどできるはずもない。するとそのお客様は、またフリーペーパーを開いて他の店を探すことになる。

しかし、配布メニューで集客したお客様は違う。なぜなら、あなたの店の「価値観」に共鳴して利用しているからだ。店の「こだわりやうんちく」、「熱い思い」、「絞り込まれた商品」、さらに「人」に共鳴し、そこに他店との「違い」を感じて選択したのだ。

割引きではなく、価値観に共鳴し利用したお客様に対して、配布メニューどおりのことを実行すれば、次回のリピート率が高くなるのは当然の話だ。

つまり、そもそもが「固定客になりやすいお客様」を集めているのである。

しかも、私のクライアントからは、次々にこんな報告が届く。

「反応が高いことにも驚いたが、それ以上に客単価が高いんです」

たとえば美容院の場合、フリーペーパーで集客すると、まずは様子見でカットだけのお客様が多い。しかし、配布メニューで集客したお客様は、最初から「カット・カラー・パーマ」まで希望するお客様が多いのだ。

これは、考えてみればよくわかる。フリーペーパーの小さな枠では、あなたの店の魅力は伝えきれない。その店がどんな店かわからないのに、最初からカラーやパーマなどをお願いするのは、お客様としても不安なのだ。しかし、配布メニューでは伝えたいことを伝えている。価値観に共鳴しているお客様だから、最初から安心して高額商品も利用していただける結果、客単価も高くなる。

もちろん、「割引き・クーポン」などをつければさらに反応は上がるだろう。

しかし、せっかく立派な配布メニューを作ったのだから、一度ぐらいは「割引き・クーポン」をつけずに配布してほしい。なぜなら、世の中には「割引きをしている店は、安っぽくて行きたくない」という人たちがいる。「フリーペーパーなんて見たこともない」、「フリーペーパーに載っている店には行きたくない」という人たちも存在するのだ。

フリーペーパーや割引チラシだけで集客していれば、このようなお客様を取りこぼしてしまうことになる。ところが、この取りこぼしているお客様こそが客単価も高く、リピート率も高いのだ。あなたが、本当にほしいお客様はいったいどちらだろうか。

・客単価が低く、1回きりのお客様
・客単価が高く、リピート率が高いお客様

答えは、言うまでもないだろう。

【参考サイト】

◎『HAIR JUNKIE（ヘアージャンキー）』(http://www.hair-junkie.com)

◆配布メニューの活用法

では、配布メニューはどのように活用するのか？

まずおすすめするのは「ポスティング」だ。これは、私のクライアントの多くが実践している。ただ場所によっては、ポスティングが行ないにくいエリアもある。都会になればなるほど、ポスティングが行ないにくくなってしまう。

ただ、その場合は逆に「ハンティング」が可能なエリアのはずだ。どちらも行ないにくいエリアというのは、あまり存在しない。

しかし、ポスティングやハンティングに抵抗がある方もいるだろう。であれば、まずは今のお客様に配っていただきたい。もちろん、今使っている「紹介カード」と一緒に配るのである。

「紹介カードを渡しても、あまり効果がないんです」と言う店も多い。

その場合は、紹介された相手にあなたの店のことが、あまり伝わっていないと思っていい。3章でも述べたが、お客様は上手く説明できないのだ。だから紹介カードと一緒に配布メニューを渡す。

その際、「こんな立派なパンフレットができました。これ、けっこうお金がかかったんですよ。ですから、ぜひ○○さんに渡してください」と言う。この「○○さんに渡してください」はとても重要である。「誰か紹介してください」と言われたって、誰を紹介していいかわからないからだ。しかし、「お母さんを紹介してくださいよ」と言われれば、そこで紹介できるかどうかを考える。つまり、紹介「できる」か「できない」かの二者択一にするわけだ。

ちなみに、「これ、けっこうお金がかかったんですよ」も重要だ。これを言わないと、簡単に捨てられてしまうからだ。そのため、配布メニューはしっかりした厚めの紙を使うのである。決して、ペラペラの紙を使って自分でプリンターで印刷してはならない。

それから、「店の前」に置くこともポイントである。何度も言っていることだが、新規客はまずドアを開くのにとても勇気が要るものだ。それは、店の外観には興味はあるものの、店内の様子がわからないからだ。

だから、その敷居を少し下げるのだ。ドアは開けないけれども、店の前のパンフレットであれば気楽に持ち帰ることができる。家に帰って配布メニューを読んでいただくことができればこちらのものだ。中身が間違っていなければ、かなりの高確率で利用していただけるだろう。

配布メニューを置く場所は、店内からは見えない場所にしなければならない。店内から持ち帰る様子が見られていると思うと、何となく取りにくくなるからだ。

さらに、しばらくご無沙汰しているお客様にも送ってみよう。あなたの店をまったく知らないお客様よりも100倍、200倍の高い反応率で、あなたの店に戻ってくるはずだ。久しぶりに利用したことをきっかけに、その後繰り返し利用するお客様も生まれてくるはずだ。

◆割引きには〝哲学〟が必要

しかし、「割引きをつけないと不安」という店もあるだろう。

割引きは、お客様の背中をポンと押す効果がある。ただし、割引きをするのならそれなりの「哲学」を持ってやっていただきたい。

「新規の方だけ500円割引き」というのはよく使われる手法だが、常連から見れば、決して気持ちがいいものではない。「新規客が500円引きなら、私は1000円引きかしら」と言いたくなるのが本当の気持ちだろう。

私は、新規客用のクーポンを配るのであれば、既存客にも同じクーポンを渡すべきだと考えている。しかし、そんなことをしてしまうと、一気に売上減につながる可能性もある。

だから、もし500円のクーポンを配るのならば、常連さんには次のようにする。

「今度、こんなクーポンを作ったんです。有効期限は1ヶ月間しかないんですけど、お一人様1回限りの500円金券です。もちろん、真っ先に○○さんにお渡しします。でも、有効期限は1ヶ月間なので気をつけてください。それから、これお母さんと妹さんに渡していただけると助かります」

そのため、そのお客様が1ヶ月以内に利用すれば500円割引きとなる。

しかし、来店サイクルは縮まっているので、売上げは積み上がっている可能性が高い。さらに、お母さんも来てくれるかもしれない。もし来てくれなくても大丈夫。この場合の狙いは紹介ではない。その後、胸をはって新規客だけしか使えない「お試し券」をポスティングできることだ。有効期限も同じ。お一人様1回限りも同じ。だから、後ろめたさはない。

まずは既存客に満足いただく。決して、常連さんよりも、新規客が得をするということがあってはならない。また、短期的な利益だけを追ってはならない。その結果、大きな損につながることもあるからだ。

また、割引きクーポンは、ただ貼り付ければいいというものではない。ここもいろいろなテクニックが必要だ。割引クーポン券の作り方については、ラブメールを紹介した3章で述べたとおりだ。

◆配布メニューで売上3倍『福岡市・日本料理しげまつ』

福岡市の寿司・仕出し店「日本料理しげまつ」は、私の代表的なクライアントである。今でこそ、繁盛店として業界誌「日経レストラン」などでも取材される店になっているが、開店当初は相当苦労をしていた。どれだけがんばってみても、年商2800万円を超えることができなかったからだ。経営者の重松賢一氏は、当時を以下のように振り返る。「店舗を賃貸で借りていて、従業員も雇っていて設備投資の借金返済もあり、それで年商2800万円はたいへん苦しい売上げだった」

しかし、いくら料理でがんばってもお客様は増えない。背水の陣で重松氏は、当時の福岡では大手寿司店しか行なっていない手法を試してみた。それが「配布メニュー」だった。オールカラーでページ数24ページ。1部250円で1万部を印刷して合計250万円。

1部250円もすると、とてもアルバイトに配らせようという気持ちにはならず、自らがポスティングを行なった。毎晩、営業が終わるとコツコツとポスティングを続けた。

その結果、年商2800万円だった売上高は、**短期間に1億円にまで引き上げられた。**

まさに、売り方を変えて劇的に業績を伸ばした事例である。

ただ、繁盛店に成長した現在、同店のカラーメニューは24ページではない。何と48ページだ。ページ数が2倍になっている。だからと言って、商品点数が大きく増えたわけではない。では、なぜページ数が2倍になっているのか？　そう、伝える内容が2倍になったのだ。それだけではない。同店では、この48ページのメニューとは別に、季節に合わせて年に3～4回ほど別メニューを作る。このメニューがすごい。

何と、拡げるとA1サイズとなっている。しかもこれが2枚。つまりA4で換算すると、32ページとなる。

つまり、定番の48ページ配布メニューとは別に、季節ごとの配布メニューを年に3

しげまつ配布メニュー

〜4回ほど作成しているのだ。その結果、周辺の寿司店を尻目に、現在でも売上げを伸ばし続けている。

本書を書いている２００８年12月現在も、同店では年末商戦に向けて配布メニューを作成した。印刷費用、配布費用などを含めると、その費用は４００万円ほどになった。

通常の経営者であれば、４００万円あれば店の外装や内装に投資する。そちらのほうが売上げが上がると考えるからだ。しかし、重松氏は躊躇なく販促に投資する。重松氏はこう言い切る。

「改装で４００万円投資しても、それを

回収するには時間がかかる。しかし、適切な販促に経費を使えば、それは短期間で数倍になって返ってくる」

この話を聞いて、もしかしたら次のように考える方がいるかもしれない。

「1回の販促に400万円なんて、店が大きいからできることだよ」

しかし、実際はそうではない。先ほどの話を思い出していただきたい。重松氏は業績不振だった頃、背水の陣で販促に250万円を使った。その結果、短期間で1億円を超えるまでに売上げを引き上げたのだ。

今回、重松氏にお願いをして、同店が作成したメニューを読者のみなさんにお届けできないかと相談した。すると、その場でご快諾いただいた。

「業績不振で困っていたとき、私はメニューのおかげで救われました。私のメニューが、かつての私のような立場に立たされている店の役に立つのなら、これほどうれしいことはありません」

飲食店に限らず、すべての業態で参考になるメニューである。興味があれば、左記のホームページから入手していただきたい。

【参考サイト】

◎『寿司・仕出し 日本料理しげまつ』(http://www.shigematsu.info)

◎『日本料理しげまつ 配布メニューお申し込みページ』(http://www.takatayasuhisa.com)

※配布メニューお申し込みページは、一定期間経過後、予告なく閉鎖いたします。ご了承ください。

2　配布メニュー・アナログブログ以外の集客法

◆口コミこそが新規客を呼ぶ

では、配布メニューだけで新規のお客様がザクザク増えるのか？

残念ながらそうはいかない。配布メニューは「リピート率」が高いお客様を集めるツールだが、一気にお客様が増える感覚は生まれにくい（それでも、当社のクライアントにはフリーペーパーや割引きチラシよりも反応が高いと喜んでいただいている）。

配布メニューやアナログブログだけに頼らず、いろいろな手法を使って集客しなければならない。

実は、てっとり早く新規客を集める方法がある。それが口コミだ。たとえば、今のあなたの店に定着しているお客様は、既存のお客様からの口コミや紹介のお客様が多くないだろうか。

実は、新規客をたくさん集める近道は、既存客から口コミを発生させることである。3章でも述べたが、サンキューメールを送ることで口コミも生まれやすくなる。しかし、手紙だけで口コミが拡がるかというと、少し難しい。やはり、サンキューメールと一緒に配布メニューを同封する必要がある。

また、私の今までの書籍でも紹介しているが、「えこひいき」や「ニュースレター」を活用することで口コミ・紹介が生まれ、新規客が増えていく。

そもそも口コミとは、

・「私はあの店のお得意様なの」

・「私は、あの店では特別扱いされている」

というときに発生しやすい。人は、小さなことでも「私だけが受けた特別扱い」がうれしくなるものだからだ。そして、必ずそれを人に話したくなる。ということは、口コミを起こそうとするなら、お客様を「えこひいき」すればいいのだ。
また、人間は3日で忘れていく。ということは、お客様に定期的に情報発信しなければ、口コミは生まれない。だから、お得意様には、繰り返しダイレクトメールを送らなければならない。

しかし、このときに毎回売り込みばかりしていては、お客様はその店に特別な感情を持たない。だから毎回、「売り込まないダイレクトメール」を送る必要がある。この「売り込まない」ことが口コミでは重要なのだ。そして、その売り込まないダイレクトメールこそが「ニュースレター」なのだ。

遠回りで地道な作業のようだが、結局はこれが固定客を増やし新規客を集客することにもつながる。
「えこひいき」や「ニュースレター」については、前著を参考にしていただきたい。

【参考文献】

◎『お客様は「えこひいき」しなさい！』高田靖久（中経出版）
◎『お客様が「減らない」店のつくり方』高田靖久（同文舘出版）

【参考サイト】
◎『売れるニュースレター作成支援サービス』（http://www.takatayasuhisa.com）

◆お客様の気持ちを知るのにインターネットは不可欠

たとえば、あなたの自宅の台所で「水道の水漏れ」が発生したとしよう。パイプの接続部分から、どんどんと水が漏れている。こんなとき、あなたはどうやって修理業者を探すだろうか。

もし、真っ先に「電話帳」が頭に浮かんだのであれば、今の商売で、あなたは大きな損をしていると言える。なぜなら、世間の多くの人は今、このような場合に電話帳は使わないからだ。

そう。多くの人は「インターネット」で調べている。天気予報もプロ野球速報も、郵便番号や電話番号、電車の乗り換えから病院を探すのもすべてインターネットを使う。

もちろん美容院も居酒屋も、寿司店もイタリアンも焼肉店も宴会場も、旅行も引越しも、不動産も株式も、着付も習い事も、すべてインターネットで検索する。

なぜなら、それが一番手っ取り早いからだ。

また、インターネットを使いはじめると「電話で予約する」のが面倒になってくる。人を介して予約するのは時間もかかるし、説明するのも面倒くさいからだ。インターネットなら一発でわかる予約状況も、電話だと、相手にいちいち聞かなければならない。

電話しかなかった時代ならまだしも、便利なインターネットを体験してしまうと、電話をかけたり電話帳で調べるのはとても面倒に感じる。あなたの店でも、お客様にこのようなストレスを感じさせてはいないだろうか。

だから、今現在、店や自社のホームページを持っていないのなら、あなたは〝たいへんな損〟をしていることになる。

なぜ、ホームページを持つことがそれほど重要なのか？　その意味が理解できない方は、恐らくご自分でインターネットをあまり利用しない、もしくは買い物をした経験がない人だろう。インターネットで買い物をしたことがなければ、このツールが持つ驚異的なパワーを身をもって体感していないということだ。まず、ここに大きな問題がある。

商売において最も大事なことは「客の立場になる」ことだ。これだけインターネットが普及している時代に、もし未だにあなたが「インターネットで買い物をした経験がない」のであれば致命的だ。消費者の気持ちになっていないのに、売上げを上げることはできないからだ。

あなたが飲食店の経営者なら、客のふりをして他店に行ったことがあるだろう。また、あなたが美容院の経営者なら、やはり繁盛店に「なぜ流行っているのか」のヒントをつかみに行った経験があるはずだ。このときのあなたの視線は、きっと「客の視点」だったはずだ。
つまりインターネットに関しても、これだけ普及しているのだから、まずはお客様の気持ちになって利用してみるべきなのだ。

もしかすると、あなたは「インターネットで買い物をするのは危険だ」という不安を持っているのかもしれない。だからこそ、経験することが大事なのだ。世の中の他の会社では、どうやってその不安を取り除いているのか？　万一不安があったとしても、消費者がこれだけインターネットで買い物をしているのには、いったいどんな理由があるのだろうか？
これは、やはり自分自身で経験してみないとわからない。

そして、「配布メニュー」の考え方を、同じようにホームページ作成にも生かすことをおすすめする。当然、デザインだけに重点を置いた集客力のないホームページとはひと味もふた味も違うことが想像いただけるはずだ。

【参考文献】

◎『1億稼ぐ検索キーワードの見つけ方』滝井秀典（ＰＨＰ研究所）
◎『消えるサイト、生き残るサイト』宇都雅史（ＰＨＰ研究所）

最終章

販促術よりも大事なこと
―売上拡大の魔法―

以上で、私が考える「『1回きりのお客様』を『100回客』に育てなさい！」の内容を余すところなく紹介した。

しかし、読み終えて疑問をお持ちの読者も多いだろう。

ひとつ目は、「この本は【新規集客】と【固定客化】についての書籍だったはずだけど、なぜ【固定客化】から先に述べられていたのか」という疑問だろう。

当然、これには理由がある。それは、先に「穴」を塞いでしまう必要があるからだ。あなたが、本書のテクニックを使ってたくさんの新規客を集めても、そのお客様を「固定客」にする用意ができていなければ、結局は無駄になってしまう。

もちろん、今までとは違って「価値観」で集客しているため、固定客にはなりやすいだろう。それでも、「人間は3日で忘れていく」のである。①まずは、「思い出す」↓②「そう言えば、あの店はよかったな」という順番を忘れてはならない。この【固定客化】の準備を疎かにしたまま先に新規客を集めても、結局はリピートしてくれることはない。

ザルにいくら水を入れても水は貯まることはない。物事をはじめるのには順番がある。水を貯めようとするなら、まずザルの目をふさぐことが先決なのだ。

集客も同じだ。新規集客の前に、しっかりと固定客化の販促準備をしておかなければならない。この準備が整ってから、次に新規集客を行なうのである。

この手順どおり、この書籍では固定客化から述べさせていただいた。

2つ目は、「【新規客をどのように固定客にするか】について解説している本だと思ったけど、意外に【新規集客】にもページ数が取られていた」という疑問だろう。

しかし、これはやはり「固定客化」の本なのだ。

一見、前半では「固定客化」に、後半では「新規集客」に焦点が当てられているように感じられるかもしれないが、実は後半も「固定客化」の話なのだ。

なぜなら、私の新規集客の考えは「固定客になりやすいお客様を集める」ことだからだ。前半の「3つのダイレクトメール」を使えば、固定客化はうまくいくだろう。

しかし、それだけが固定客化の方法ではない。新規集客のときから、固定客化ははじまっている。あなたお店の「価値観」をしっかり伝え、それに共鳴する「固定客になりやすい」新規客を集める。これこそが、固定客化の最短の道と言っていいだろう。

割引き・クーポンなどは、たしかに新規集客効果は高い。しかし、割引きで集客したお客様は固定客になりにくい。割引きは最も簡単な販促術で、どこの店でもできることだ。

しかし、あなたの店の「価値観」を伝えることは、あなたにしかできないのである。

世の中には、あなたを必要とするまだ見ぬお客様が存在する。割引きだけで集客していたのでは、そのお客様は一生涯あなたに出会えないことになってしまう。これは、あなただけでなく、そのお客様にとっても不幸なことなのだ。

「あなたが必要だ」と求めているお客様は、あなたが「価値観」を発信することによって出会うことができる。あなたに出会えたお客様は、きっと感謝をして、お金を払ってくれるだろう。

あなたの店は、この世の中に絶対「必要」な店なのだ。これは、お客様にとってだけではなく、働いてくれているスタッフにも同じことが言える。そんな店で働いているることに幸せを感じて、きっとあなたに感謝をするはずだ。

「割引き」だけでお客様を集客している店と、「価値観」でお客様を集客している店。スタッフが自信を持って働ける店はいったいどちらだろうか？

賢明なあなたなら、もう答えは出ているはずだ。


さて、ここまで販促術についていろいろとお話ししてきたが、現役スタッフの立場から、経営者の方に、私から伝えておきたいメッセージがある。

業績を伸ばすために「商品」、「接客」、「サービス」、そして今回お話ししたような「販促術」に目を向けるのは大事なことだ。

しかし、決して売上げには直結しないが、もっと大事にしてほしいことがある。

それが**「ビジョン設定」**だ。

・あなたの「夢」は何なのか？
・この店をどれだけ大きくしていこうと思っているのか？

・この店で、最終的に世の中にどのように貢献しようと思っているのか？
こんなことを、スタッフに語ってほしいのだ。

「この船はどこに進もうとしているのか？」

その行き先を、スタッフの方にも伝えてほしい。

「川の向こう岸」にたどり着こうとしているのか？　あるいは、遠く「ヨーロッパ」を目指しているのか？　それによって、乗組員の行動は変わるはずだ。それなのに、この船が「どこに向かっているのか」、「いつまでにたどり着こうとしているのか」が乗組員にはわかっていない。


であれば、乗組員が進歩を求めず、与えられた日々の仕事だけをこなしてしまうのはある意味、仕方のないことである。

あるスタッフはこう思っている。「私は今日1日、何のために働いたのだろう？」

店のビジョンを聞かされていないスタッフは、ある意味、自分の給料のためだけに働いてしまうことになる。ただ、時間が過ぎることだけを考えながら仕事をしてしまうのだ。

ただ仕事をこなすことだけに追われるスタッフは、自らの、考え・気づきで、その時その時、最善の行動をとってくれるだろうか？

なぜ、私がこんなことを言うのかというと、かつて私自身がそうだったからに他ならない。

私は入社して5年間ほど、「売れない営業マン」というレッテルを貼られていた。もちろん、自分なりにはがんばってきたつもりだ。しかし、売れなかった。私は何ひとつ工夫も勉強もしないまま、「がんばること」だけに時間を費していたのである。

そんな私に転機が訪れた。私は、あることがきっかけとなって、「自己投資」と「ビジョン設定」の重要性に気づかされたのである。

「自己投資」の重要性を感じた私はそれ以降、「基本給の5分の1」を自分への投資に遣いはじめた。「本」、「商材」、「ツール」、「時間」に優先して給料を遣い、残ったお金で生活をしてきた。これは、今でも続けている。

また「ビジョン設定」の重要性を感じた私は、初めて以下のようなビジョンを定めた。

「私が販売している顧客管理ソフトを使った多くの店に繁盛店になってもらう。その結果として、私の商品が売れていく」

私はビジョンを設定することにより、初めて「売ることだけに一所懸命になるのではなく、売った後こそ一所懸命にフォローしたい」という気持ちが芽生えたのである。

ある日のことだ。私はこのビジョンを胸に秘め、営業会議で「今期はこのソフトを10本販売します」と公言した。いつもは1～2本しか販売できなかった私がである。その場で、多くの同僚や先輩に笑われた悔しさは今でも覚えている。

ところがその期、私は目標を超える12本、翌期には27本のソフトを販売することができた。これはまさに、「ビジョン設定」が生み出した結果に他ならない。

売る商品が変わったわけではない。変わったのは「売り方」だ。私自身も、商品の「違い」をお客様に伝え、売上げを拡大した1人なのである。

しかし、私は「売り方」を変える前に、「ビジョン設定」を先に行なった。そして、

「今期はこのソフトを10本販売します」と公言したのだ。その結果、やらざるを得なくなり、「売り方」を考えて実行したのである。

さて、現在の私は、会社で9名のグループを抱えている。

グループでは私のビジョンだけでなく、メンバー全員のビジョンを共有している。

「20年後に売上20倍」、「目先の利益ではなく、長期的な利益を追う」

このようなビジョン（＝夢）を、私たちは**「夢会議」**というものを開いて真剣に語り合っている。

私たちはサラリーマンでありながら、自ら「ビジョン設定」をすることにより、モチベーションを高めているのだ。決して、ただ働かされているサラリーマンではなく、自分の会社をどう大きくするかを経営者と同じくらい考えている。

私たちは、たまたま「ビジョン設定」の重要性に気がついた。しかし、多くの若者はこれに気づいていない。

私の大好きな書籍、『加速成功』に次のような問いがある。

「なぜアメリカは月に行けたのに、日本は行けないのか？」

これに対して、著者の道幸武久氏は次のように述べている。

「技術力が低いから？　いいえ違います。答えは簡単。アメリカは月に行くと『決めた』けれども、日本は『決めていないから』です。アメリカは、どうすれば行けるのかわからない時点で、『〇年までに、月に行けるとしたら、どうするか』と考え、逆算で理論を組み立てていったからです。一方、日本は月に行くことさえ『決めていない』。決めていないことは、実現することはありません」

「決めていないことは実現しない」

だからあなたは、大きなビジョン（＝夢）を決めなければならない。そして決めたことは、スタッフにも共感してもらう必要がある。なぜなら、あなたの船は、あなた1人で漕いでいるわけではないからだ。

あなたが10日後にヨーロッパにたどり着こうと思っていても、スタッフが1年後に川の向こうに着けばいいとしか思っていなければ、その船は、川の向こうにしかたどり着かないだろう。


だから、あなたが持っているビジョン（＝夢）をスタッフに話していただきたい。

また同時に、あなたはスタッフの夢も尊重し、それを支援する義務があるはずだ。

スタッフだって、経営者と同じく夢を追いかけている1人の人間なのだから。


給料のためだけに働き、教えられたマニュアルだけを徹底し、「お客様をこなすこと」だけを考えて、ただ何となく仕事をしているスタッフがいる。

一方、経営者の夢に共感し、「一緒にこの店を大きくしていきたい！」と、自ら物事を考えながら活き活きと仕事をしているスタッフがいる。

どちらのスタッフが、働きがいを感じているか。また、どちらのスタッフがお客様に喜んでいただいているかは言うまでもないだろう。

これが、商品や価格だけでは量ることができない、店の大きな魅力になるのだ。

これは、（経営者ではない私だからこそ）現役スタッフの立場からあなたにお伝えできるメッセージである。

「この船はどこに進もうとしているのか？」

酒を飲みながらでもいいが、創業当時を思い出して語り合っていただきたい。そんなあなたに「共鳴」したスタッフは、明日から生まれ変わるはずだ。

お客様だけではなく、スタッフにとってもあなたは「必要」な存在なのだ。

そして、これこそが販促術よりも大切な、**売上拡大の魔法**なのである。

おわりに

私は経営者ではありません。

「顧客管理ソフト」とその根幹である「顧客戦略ノウハウ」を企画・開発・販売してきた一介のサラリーマンです。そのサラリーマンが語る経営データや販促術がピタリと当たってしまい、「うれしいような、悲しいような」そんなクライアントも多いようです。つい先日も、親しくさせていただいているクライアントの経営者から、「この人は自分で経営もしてないくせに、なぜか言ったとおりになるんだよねぇ」と笑いながら言われました。

私は経営をしたことがありません。しかし、自信を持って言えることがあります。

それは、「データはウソをつかない」ということです。私は、全国８００店を超える私のクライアントが実践してきた多くの成功事例(と同じくらいの失敗例)をまとめ、データと併せてお話ししているだけです。

「3ヶ月以内にあと2回利用してもらうと7倍固定客になりやすい」、「1回きりのお客様の割合を10%低減させると、売上げは上がり続ける」など、どんな経営指南書にも語られていない経営数値ですが、すべてはデータが明らかにした事実なのです。

また、クライアントとともに実践した販促の数は、普通の経営者の比ではないほど経験しています。たとえばニュースレターひとつとってみても、その有効性を語るコンサルタントは少なくありません。しかし、２００店舗以上のニュースレター作成に携わったコンサルタントは少ないはずです。コンサルタントでも経営者でもない私ですが、ニュースレター作成に携わった経験は２００を超えています。

つまり、経営者ではないが経験者ではあるわけです。

ここで、自信を持って言えることがあります。

それは、この書籍の内容で、私自身がゼロから生み出したノウハウなど「ただのひとつもない」ということです。すべては、私のクライアントの知恵と行動から生み出された結果と、偉大な先人たちが多くの経験を経て世に送り出した法則の集積なのです。私はそれを「私のような人間にもわかるような文章にするには、どう表現すればいいか」と考えて何度も書き直し、体系的に書籍にまとめ上げただけに過ぎません。

そのような意味でも、私の顧客戦略をご採用いただいているクライアントの皆様方には、本当に感謝しています。全国８００店を超えるクライアントの実績がなければ、この書籍は世に出ることはなかったはずです。また、販促資料の提供にご協力いただいたクライアントの皆様方には、とくに感謝しています。本当にありがとうございました。

さて、その他にも、今回も多くの協力を得て書籍を書き上げることができました。その全員のお名前を記載することができませんが、一部の方のみ紙面をお借りしてお礼を言わせてください。

まずは、出版にお声かけいただいた同文舘出版に深く感謝いたします。そして、出版にあたってたいへんご尽力いただいたビジネス書編集部の古市部長。私のような素人の文章をチェックするのは、想像を超えるご苦労があったことと思います。本当にありがとうございました。

次に、ＴＨＡＴ'Ｓの米満和彦さん。最近では、ビジネスパートナーを超えて友人の域に達してきました。飲みながらでも、２人でいると仕事の話ばかり。その中から生まれたアイデアも少なくありません。今後も、よきパートナーであり、師匠であり、友人であり続けていただければうれしいです。

そして、日頃から私のメルマガを愛読してくださっている読者の皆様。皆様からのご支持がなければ、出版という機会には恵まれなかったと思います。

さらに、私のグループのメンバーである北村さん、浅原くん、仙頭さん、三原さん、奥村さん、月足さん、井樋さん、中村さん。一緒に夢を追いかけてくれてありがとう。みなさんと一緒でなければ、私のビジョンは達成することはできません。今後も一緒に大きな夢に向かって突き進んでいきましょう。また、販売ご協力をいただいている各代理店のみなさまにも深く感謝しています。

私と私の妻を生んでくれた両親。いつも息子・睦久（ともひさ）を可愛がってくれてありがとうございます。

私が父親になって3年。わが子を抱きかかえ、心の底から湧き上がる愛おしさを感じています。そのたびに、私には気づくことがあります。それは、私たちもあなた方から同じような思いで育てられたのだということです。わが子に対する愛情が深まるごとに、「ああ、こんな思いで育ててもらっていたのか」と、あなた方から受けた「見返りを求めない愛情」の深さに気づかされています。

最後に、妻・真由美と息子・睦久。日頃から出張で家にいないうえに、今回も土日を返上して執筆にあたりました。睦久とはあまり外で遊んでやることもできず、淋しい思いをさせているかもしれません。でも、それをものともせず、毎日元気すぎる笑い声を家族に提供してくれる君に感謝しています。

「1回きり」の人生ですが、あなたたちのおかげで「7倍」、いや「700倍」すばらしい人生になっています。
最後になりましたが、この書籍をお買い上げいただいたあなたにも最大級の感謝をお伝えして筆を置きたいと思います。

高田 靖久

2009年1月

参考文献およびお役立ちサイト

2章

【参考文献およびおすすめ書籍】

◎『あなたにもできる「惚れるしくみ」がお店を変える！』小阪裕司（フォレスト出版）
◎『「儲け」を生みだす「悦び」の方程式』小阪裕司（ＰＨＰ研究所）

3章

【参考文献およびおすすめ書籍】

◎『儲けを生み出す表現力の魔法』平野秀典（かんき出版）
◎『外食の天才が教える 発想の魔術』フィル・ロマーノ（日本経済新聞社）
◎『売れた！ 売れた！ お客様の声で売れました！』秋武政道（大和出版）
◎『小さな飲食店 成功のバイブル』鬼頭宏昌（インデックス・コミュニケーションズ）

【お役立ちサイト】
◎『寿司・いけす・割烹「歌幸」』（http://www.utakou.jp）
◎『釜飯宅配・お持ち帰り専門店 釜めしもよう』（http://www.kamamesi.com）
◎『わずか60日でお客さんが2倍になるカンタンな集客方法！』（http://www.hanjouten.com）

4章

【参考文献およびおすすめ書籍】
◎『小さな会社は「1通の感謝コミ」で儲けなさい』竹田陽一（中経出版）
◎『一回のお客を一生の顧客にする方法』カール・スウェル、ポール・B・ブラウン（ダイヤモンド社）

【お役立ちサイト】
◎『はたご小田温泉』（http://www.odaonsen.jp）
◎『顧客情報がザクザク集まる方法』（http://takatayasuhisa.com）

◎『低予算で年間1000人の客数を増やす方法』
(http://takatayasuhisa.com)

5章

【参考文献およびおすすめ書籍】

◎『大富豪になる人の小さな習慣術』ブライアン・トレーシー（徳間書店）
◎『口コミ伝染病』神田昌典（フォレスト出版）
◎『すべては一杯のコーヒーから』松田公太（新潮社）

【お役立ちサイト】

◎『美容 花色』(http://www.b-hanairo.net)

6章

【参考文献およびおすすめ書籍】

◎『お客様は「えこひいき」しなさい！』高田靖久（中経出版）
◎『お客様が「減らない」店のつくり方』高田靖久（同文舘出版）
◎『1億稼ぐ検索キーワードの見つけ方』滝井秀典（ＰＨＰ研究所）
◎『消えるサイト、生き残るサイト』宇都雅史（ＰＨＰ研究所）

【お役立ちサイト】

◎『HAIR JUNKIE（ヘアージャンキー）』(http://www.hair-junkie.com)
◎『寿司・仕出し 日本料理しげまつ』(http://www.shigematsu.info)
◎『日本料理しげまつ 配布メニューお申し込みページ』
(http://www.takatayasuhisa.com)
◎『売れるニュースレター作成支援サービス』
(http://www.takatayasuhisa.com)

最終章

【参考文献およびおすすめ書籍】

◎『加速成功』道幸武久（サンマーク出版）
◎『7つの習慣』スティーブン・R・コヴィー（キング・ベアー出版）
◎『非常識な成功法則』神田昌典（フォレスト出版）
◎『凡人の逆襲』神田昌典、平秀信（オーエス出版）
◎『夢に日付を！』渡邉美樹（あさ出版）
◎『青年社長（上・下）』高杉良（角川文庫）
◎『仕事は楽しいかね？』デイル・ドーテン（きこ書房）
◎『ザ・マインドマップ』トニー・ブザン（ダイヤモンド社）

この書籍全般の参考文献およびおすすめ書籍

◎『最新版 ひと味ちがう販促企画アイデア集』米満和彦（同文舘出版）

◎『小さな会社の儲かる頭の使い方』山本隆雄（あさ出版）
◎『超心理マーケティング』鈴木博毅（ＰＨＰ研究所）
◎『失われた「売り上げ」を探せ！』小阪裕司（フォレスト出版）
◎『招客招福の法則』小阪裕司（日本経済新聞社）
◎『小予算で優良顧客をつかむ方法』神田昌典（ダイヤモンド社）
◎『顧客満足型マーケティング』荒川圭基（ＰＨＰ研究所）
◎『人生を変える80対20の法則』リチャード・コッチ（ＴＢＳブリタニカ）
◎『ザ・コピーライティング』ジョン・ケープルズ（ダイヤモンド社）
◎『10倍売る人の文章術』ジョセフ・シュガーマン（ＰＨＰ研究所）
◎『オレなら、３秒で売るね！』マーク・ジョイナー（フォレスト出版）
◎『「バカ売れ」キャッチコピーが面白いほど書ける本』中山マコト（中経出版）
◎『お客のすごい集め方』阪尾圭司（ダイヤモンド社）
◎『影響力の武器』ロバート・Ｂ・チャルディーニ（誠信書房）

さて、本書をお買い上げいただいたあなたへの特典です。

本書の内容を実行に移すためには、なくてはならないものがあります。それが、4章でも触れた「顧客情報の活用」です。しかし、具体的にどうすれば顧客情報が収集できるのかまでは解説することができませんでした。とくに飲食店などでは、顧客情報の収集が顧客戦略の成功を左右します。

また、私の顧客戦略には4つのＳｔｅｐがありますが、美容院などに対してだけ「第5ステップ」まであります。それが「来店サイクルを短縮する方法」です。

現在のところ、「顧客情報の集め方」と「来店サイクルを短縮する方法」は書籍化するつもりはありません。この2つのノウハウについて、すでに無料レポートとしてまとめているので、ご希望の方は、左記のホームページから入手してください。あなたが顧客戦略を実践する際、必ず役に立つはずです。ただ、このサイトは予告なく公開終了としますので、早めのダウンロードをおすすめいたします。

●特典「顧客情報の集め方」「来店サイクルを短縮する方法」ダウンロードＵＲＬ

http://www.takatayasuhisa.com

本書の話は顧客戦略の一部にすぎません

本書では全てを紹介できませんでしたが、顧客戦略には4つのＳｔｅｐがあります。

Ｓｔｅｐ①新規客を【集める】手法　Ｓｔｅｐ②客を【固定客にする】手法
Ｓｔｅｐ③客を【成長させる】手法　Ｓｔｅｐ④客を【維持する】手法

私は、この4つのＳｔｅｐを「顧客戦略支援プログラムＬＴＶ―ＭＡＸ」として体系化し、お店の**顧客戦略導入支援**や**講演活動**を行っています。

ご興味がある方はインターネットにて「**高田靖久　顧客管理**」と検索ください。

インターネットで

高田靖久　顧客管理

と検索してみる。

著者略歴

高田　靖久（たかた　やすひさ）

高田靖久「顧客管理士」事務所３×３ＪＵＫＥ（サザンジューク）代表
日本で唯一の「顧客管理士」。某大手ＩＴ企業にて20年間、飲食店・美容院を中心とした、顧客管理ソフトおよび顧客戦略支援ツールの商品企画・販売に携わる。入社から数年は、「売れない営業マン」。その後、一念発起。「基本給の５分の１」を自己投資に活用し、短期間で営業、および店舗経営ノウハウを身につける。そのノウハウを顧客管理ソフトウェアに組み込み、既存クライアントに提供したところ、前年対比300%アップなど、売上拡大する店が続出。顧客管理ソフトおよび顧客戦略支援ツールの販売・導入実績は1000店舗を超える。
このノウハウを全国の店舗に伝えていきたいと、現在はフリーとなって、講演・執筆を中心に活動中。講演「店舗経営 売れる仕組み構築プログラム」は年間70回以上実施し、常に満員御礼。全国の商工会議所、商業組合、中小企業などからの講演依頼が跡を絶たない。
著書にアマゾン総合１位獲得の『お客様は「えこひいき」しなさい！』、同じくアマゾン総合２位獲得の『お客様を３週間でザクザク集める方法』（ともに中経出版）がある。

★著者のメールアドレス :yasuhisa.takata@gmail.com
★著者のホームページ :http://takatayasuhisa.com
★ facebook:http://facebook.com/takatayasuhisa
★ twitter:http://twitter.com/takatayasuhisa
★メルマガ：読者数１万６千人超「1回５分、奇跡を起こす！小さなお店、大逆転の法則。」
http://www.mag2.com/m/0000179578.html（無料）

「1回きりのお客様」を「100回客」に育てなさい！

平成21年３月13日　初版発行
令和２年11月５日　47刷発行

著　者——高田靖久

発行所——中島治久

発行所——同文舘出版株式会社
東京都千代田区神田神保町1-41　〒101-0051
営業03（3294）1801　編集03（3294）1802
振替00100-8-42935　http://www.dobunkan.co.jp

ISBN978-4-495-58301-9
印刷／製本：シナノ
Printed in Japan2009